La Prise d'Orange

La Prise d'Orange

Chanson de geste de la fin du XIIᵉ siècle

Éditée d'après la rédaction AB
par Claude Régnier

Klincksieck

Librairie Klincksieck
série textes
5

www.klincksieck.com

7e édition : 1986

La première édition de ce texte a paru
dans *Les Rédactions en vers de la Prise d'Orange*,
collection « Bibliothèque française et romane » (1966).

INTRODUCTION

I. Place de la « Prise d'Orange »
dans le cycle de Guillaume.

Si l'on excepte les *Enfances Vivien*, le *Moniage Rainouart*, et la *Bataille Loquifer*, les chansons du cycle de Guillaume d'Orange accordent un rôle important à Guillaume et composent une biographie du comte depuis sa turbulente jeunesse jusqu'à sa fin édifiante. Chaque poème constitue comme un chapitre de cette histoire : après des débuts héroïques (*Enfances Guillaume*), il devient le protecteur du roi légitime (*Couronnement de Louis*) ; mais payé d'ingratitude, il devra conquérir des fiefs sur les Sarrasins. Il prend Nîmes par ruse (*Charroi de Nîmes*), puis s'empare d'Orange avec l'aide de la reine Orable dont il a gagné le cœur (*Prise d'Orange*). Il fera de cette dernière ville sa résidence et le centre de son action contre les Infidèles (*Chevalerie Vivien, Aliscans*) et ne la quittera que pour entrer en religion (*Moniage Guillaume*).

Relatant l'exploit qui vaudra au héros son surnom et une compagne admirable, la *Prise d'Orange* est la base de cet édifice et semble être le noyau autour duquel s'est aggloméré le cycle tout entier ; en réalité dans sa forme actuelle, elle n'est qu'un renouvellement assez récent d'une chanson plus ancienne de tonalité très différente.

II. Les manuscrits.

Neuf manuscrits cycliques ont transmis les rédactions en vers de la *Prise d'Orange* ; nous les désignons par les sigles qu'ont employés E. Langlois et A.-L. Terracher [1].

1. E. Langlois, *Couronnement de Louis*, *SATF*, 1888 ; A.-L. Terracher, *Chevalerie Vivien*, Paris, 1909. Dans la préface de son édition du *Couronnement de Louis*, *CFMA*, 2ᵉ éd., p. xLV, E. Langlois désigne par A^3 le manuscrit de Milan et par A^4 le manuscrit B. N., fr. 368 : lapsus évident puisqu'il n'a pas modifié les sigles des variantes dans l'apparat critique ; cette interversion malencontreuse a été reproduite par J.-L. Perrier dans ses éditions du *Charroi de Nîmes*, *CFMA* et des *Enfances Guillaume*, New York, 1933 et par B. Katz dans son édition de la *Prise d'Orange* (voir C.-A. Knudson, *Romance Philology*, III, 1949, p. 75). Pour le manuscrit de Berne,

A^1. Paris, B. N., fr. 774. Milieu du XIIIe siècle. Deux colonnes à la page, 40 vers à la colonne.

Il contient : *Enfances Guillaume, Couronnement de Louis, Charroi de Nîmes, Prise d'Orange* (41d-52d), *Enfances Vivien, Chevalerie Vivien, Aliscans, Folque de Candie, Moniage Rainouart, Moniage Guillaume II*.

Antérieurement au foliotage, un feuillet a été arraché après l'actuel f° 52 par un amateur de miniatures ; le dernier vers est le v. 1791 ; A^2 et A^4 ont subi une mutilation analogue.

A^2. Paris, B. N., fr. 1449. Milieu du XIIIe siècle. Deux colonnes à la page, 40 vers à la colonne. Ce ms. paraît sortir du même atelier que A^1 : les abréviations et la langue sont identiques.

Il contient : *Enfances Guillaume, Couronnement de Louis, Charroi de Nîmes, Prise d'Orange* (47d-58d), *Enfances Vivien, Chevalerie Vivien, Aliscans, Bataille Loquifer*.

Le dernier vers est le v. 1774 ; une main moderne a recopié sur un feuillet de papier blanc numéroté 59 les dix-sept derniers vers de A^1, y compris la faute *combantanz* (v. 1775-1791).

A^3. Paris, B. N., fr. 368. Première moitié du XIVe siècle. Trois colonnes à la page, 50 vers à la colonne.

L'assembleur a inséré au milieu de textes variés un cycle de Guillaume comprenant : *Couronnement de Louis, Charroi de Nîmes, Prise d'Orange* (167a-173c), *Enfances Vivien, Chevalerie Vivien, Aliscans, Bataille Loquifer, Moniage Rainouart, Moniage Guillaume II*.

C'est le seul des mss. *A* qui possède la fin de la chanson.

A^4. Milan, Trivulziana 1025. Dernier tiers du XIIIe siècle. Deux colonnes à la page, 40 vers à la colonne.

Il contient : *Enfances Guillaume, Couronnement de Louis, Charroi de Nîmes, Prise d'Orange* (47c-58d), *Enfances Vivien, Chevalerie Vivien, Aliscans, Bataille Loquifer, Moniage Rainouart, Moniage Guillaume II.'*

Le feuillet 59 a été enlevé postérieurement au foliotage ; le dernier vers est le v. 1844.

qui ne contient pas le *Couronnement de Louis*, nous avons préféré E, sigle de TERRA-CHER, à C^2, adopté par J. BÉDIER (*Légendes épiques*, I, p. 320, note 1), la parenté de ce manuscrit avec *C* n'étant pas assurée pour toutes les chansons.

B^1. Londres, Musée Britannique, Royal 20 D XI. Début du xive siècle. Trois colonnes à la page, 53 vers à la colonne. Traits picards.

Il contient : *Garin de Monglane, Girart de Vienne, Aymeri de Narbonne, Narbonnais, Enfances Guillaume, Couronnement de Louis, Charroi de Nîmes, Prise d'Orange* (118a-124d), *Enfances Vivien, Chevalerie Vivien, Aliscans, Bataille Loquifer, Moniage Rainouart, Moniage Guillaume II, Siège de Barbastre, Guibert d'Andrenas, Mort Aymeri, Folque de Candie*.

La *Prise d'Orange* est séparée du *Charroi de Nîmes* par une rubrique et une miniature.

B^2. Paris, B. N., fr. 24369-24370. Début du xive siècle. Deux colonnes à la page, 44 vers à la colonne.

Il contient : t. I *Aymeri de Narbonne, Narbonnais, Enfances Guillaume, Couronnement de Louis, Charroi de Nîmes, Prise d'Orange* (99d-111c), *Enfances Vivien, Siège de Barbastre, Guibert d'Andrenas, Chevalerie Vivien, Aliscans, Bataille Loquifer*. — t. II *Moniage Rainouart, Mort Aymeri, Renier, Moniage Guillaume II*.

C. Boulogne-sur-mer, Bibliothèque municipale 192. Daté du 16 avril 1295. Deux colonnes à la page, 40 vers à la colonne. Dialecte picard (à l'est du domaine picard).

Il contient : *Enfances Guillaume, Couronnement de Louis, Charroi de Nîmes, Prise d'Orange* (47d-62a), *Enfances Vivien, Chevalerie Vivien, Aliscans, Bataille Loquifer, Moniage Rainouart, Moniage Guillaume I et II, Folque de Candie*.

D. Paris, B. N., fr. 1448. Troisième ou dernier quart du xiiie siècle. Deux colonnes à la page, nombre de vers variable à la colonne (de 42 à 45). Dialecte lorrain (sud du domaine lorrain).

Il contient : *Girart de Vienne, Aymeri de Narbonne, Enfances Guillaume, Departement des fils d'Aymeri, Couronnement de Louis, Charroi de Nîmes, Prise d'Orange* (100a-109b), *Siège de Barbastre, Prise de Cordres, Enfances Vivien, Chevalerie Vivien, Aliscans, Bataille Loquifer, Moniage Rainouart*.

La *Prise d'Orange* était inachevée au moment de l'assemblage des cahiers. En haut du fo 100a le copiste avait inscrit *Mj* et ménagé un emplacement pour une miniature qui n'a jamais été exécutée ; aucune lettre ornée n'a été peinte au début des laisses. L'épisode final s'arrête brusquement : le f⁰ 109b ne porte que cinq vers, le reste du feuillet recto et verso est blanc et les trois derniers feuillets du cahier ont été coupés au couteau [2].

E. Berne, Bibliothèque de la Bourgeoisie 296. Seconde moitié du XIIIᵉ siècle. Deux colonnes à la page, 35 vers à la colonne. Dialecte picard (Hainaut).

Il contient : *Prise d'Orange* (1a-9b), *Chevalerie Vivien, Aliscans, Bataille Loquifer, Moniage Rainouart, Moniage Guillaume II*

Ce manuscrit est acéphale ; il lui manque : *Enfances Guillaume, Couronnement de Louis, Charroi de Nîmes* et le début de la *Prise d'Orange* (le premier vers correspond à *C* 1470).

Les cahiers paraissent avoir été manipulés un certain temps comme volumes indépendants avant d'être reliés : le recto du f⁰ 1, le verso du f⁰ conjoint 8 et le recto du f⁰ 9 sont usés par le frottement et presque illisibles ; à cela s'ajoute que le cachet de la Bibliothèque de Berne a été fâcheusement apposé au milieu de la colonne 1b.

E possède en propre une addition de 341 vers qui relate les vaines entreprises de Tibaut pour reprendre sa ville.

Aucune rédaction de la *Prise d'Orange* n'a été munie de l'hexasyllabe « orphelin » ou « petit vers » qui termine les laisses de plusieurs chansons de notre cycle.

L'ensemble n'a pas été conçu et réalisé par un seul poète. Les recueils ont un volume inégal, indépendamment des pertes accidentelles : trois d'entre eux constituent un « grand cycle » qui soude un cycle d'Aymeri à un cycle de Guillaume (B^1, B^2, D) ; les autres forment un « petit cycle » contenant le seul cycle de Guillaume (A^1, A^2, A^3, A^4, C, E) [3].

Le cycle de Guillaume n'a lui aussi qu'une cohésion apparente ; dans les ateliers où les manuscrits ont été révisés et mis en ordre, les maîtres d'œuvre ne disposaient pas de collections antérieures ; ils ont utilisé soit des noyaux groupant quelques chansons, soit des textes isolés. En effet le stemma n'est pas constant ; il se répète pour le *Couronnement de Louis*, le *Charroi de Nîmes* et la *Prise d'Orange*, mais varie pour les autres chan-

---

2. M. TYSSENS, *La geste de Guillaume d'Orange*, p. 394.
3. J. FRAPPIER, *Les chansons de geste...*, t. I, p. 33, note 1.

sons. Les mss. de la *Prise d'Orange* sont issus de trois recensions $X = A + B$; $C' = C + E$; D; l'accord de C et E ne se renouvelant pas dans *Enfances Vivien, Chevalerie Vivien* et *Aliscans* [4], il en résulte que quatre compilateurs ont eu séparément à raccorder la *Prise d'Orange* aux poèmes dont l'action est postérieure. Cette constatation trouvera son utilité quand il faudra déterminer le responsable de la suppression du siège d'Orange [5].

III. CLASSEMENT DES MANUSCRITS.

Nous avons abouti au stemma suivant [6] :

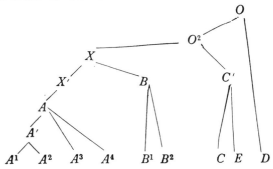

Le classement est relativement aisé, car les versions sont très différentes et les manuscrits, pour notre chanson tout au moins, ne sont pas suspects de contamination.

Dès l'abord les copies se répartissent en quatre camps ; on distingue un groupe $A = A^1 + A^2 + A^3 + A^4$; un groupe $B = B^1 + B^2$; un groupe $C' = C + E$, et un témoin isolé D. Par ailleurs, comme il est évident que B a travaillé sur un modèle proche de A, on est amené à poser un prototype X, source de AB.

L'impression de départ est corroborée par la méthode de Lachmann ; à l'intérieur de chaque groupe abondent les fautes communes : additions, lacunes, confusions de tout ordre.

---

4. Mlle TYSSENS (*Geste*, p. 153) a décelé un « premier noyau » comprenant le *Couronnement de Louis*, le *Charroi de Nîmes* et la *Prise d'Orange* ; en effet, au moins dans ses grandes lignes, le classement des manuscrits est identique pour les trois poèmes. D'autre part *C*, après avoir copié la *Prise d'Orange*, a pris pour les *Enfances Vivien* et la *Chevalerie Vivien* un modèle à petit vers inconnu de *E* (voir J. FRAPPIER, t. I, p. 47) ; pour le stemma d'*Aliscans*, voir l'édition de Halle, p. XVIII et p. XXX.

5. Voir p. 32.

6. C. RÉGNIER, *Les rédactions en vers de la « Prise d'Orange »*, p. 28.

Nous avons reconnu un autre groupement, où les rencontres fautives, quoique moins fréquentes, sont aussi réelles : X et C' ont en commun les mêmes innovations (épisodes transformés, laisses déplacées) qui remontent à une source O^2 ; si bien que sur les neuf copies conservées, huit sont issues du même travail de révision fait à partir d'un texte peut-être déjà altéré, tandis que D, en dépit de ses tares, procède directement de l'archétype O, lui-même refonte d'une chanson plus ancienne.

Telles sont les grandes lignes de la filiation des manuscrits ; le stemma peut être nuancé sur des points de détail : les fréquents accords $BC'(D)$ s'expliquent si l'on suppose que le modèle de B était meilleur que A, en d'autres termes qu'il a existé entre X et A un plus grand nombre d'intermédiaires qu'entre X et B ; l'intercalation de X' matérialise cette hypothèse ; il est possible en outre que A^1 et A^2, qui proviennent du même atelier, aient été copiés sur le même modèle A'.

Les divergences qui opposent AB, CE et D sont plus importantes que les écarts habituels des scribes ; il existe vraiment trois rédactions différentes de la *Prise d'Orange* [7].

La rédaction A est la plus passive ; une série de transcriptions successives a brouillé l'original de cette version en multipliant les fautes de détail ; mais c'est elle qui reproduit le plus fidèlement la structure de O^2 ; dans B se reconnaît la main d'un puriste qui, révisant et amplifiant X, a supprimé les formes archaïques ou dialectales, pourchassé les négligences de versification ou de syntaxe, rajeuni la langue, recherché l'expression exacte, sans modifier toutefois la marche du récit.

La rédaction CE est un remaniement profond de O^2 destiné à adapter le texte à des goûts nouveaux. La rime remplace l'assonance et l'influence du roman, déjà marquée dans A, se fait plus sensible ; elle se manifeste par la transformation de la laisse qui devient narrative, par un souci de motivation et de vraisemblance, par le développement de l'élément romanesque et l'enrichissement des caractères.

Quant à D, il nous a transmis une version archaïque qu'un jongleur a reconstituée sans le secours d'un modèle écrit et qu'il a complétée par des emprunts à son répertoire professionnel ; malheureusement, victime de défaillances de mémoire, il a

7. *Les rédactions en vers...*, pp. 72-86.

parfois omis des indications essentielles, perturbé l'ordre des épisodes et la suite des vers.

IV. ÉTABLISSEMENT DU TEXTE.

§ 1. *Choix du manuscrit de base.*

Le choix du manuscrit de base n'offrait pas de difficulté : A^3 et A^4, très fautifs, B^1 et B^2, copies rajeunies, s'éliminaient d'eux-mêmes ; l'hésitation était possible entre les deux manuscrits frères, A^1 et A^2 ; mais pour notre chanson, A^1 est supérieur à A^2, qui présente davantage d'écarts individuels et omet des mots et des vers.

§ 2. *Toilette du texte et résolution des abréviations.*

Toilette du texte.

Nous avons appliqué les « *Règles pratiques pour l'édition des anciens textes français et provençaux* », *Romania* LII, 1926, pp. 243-249, avec deux dérogations : nous avons usé du tréma plus souvent qu'on ne le prescrit et nous avons gardé les chiffres romains, à l'exclusion de .I. qui a été lu *uns, un.*

Résolution des abréviations.

Le signe qui ressemble à l'apostrophe note : *er* (*B'tran*), *ier* (*moill'*), *ir* (*dorm'*) et *ar* dans *h'die* 1278.

Devant labiale le copiste utilise *m* ou *n* (*empire* ou *enpire*) ; mais les formes avec *m* étant majoritaires, la barre de nasalité a été rendue par *m* devant *b, p, m* ; surmontant un *o* final, elle a été rendue par *m* dans *dom* (en clair 251), *hom* et *Mahom.* La notation tironienne 9 a été transcrite quand elle était isolée par *com* ; dans le corps d'un mot par *con, c'on* 1888 et devant labiale, *com* ; par *cun* dans *chas9* 221.

Le signe *x* a été maintenu parce qu'il peut recevoir deux interprétations, soit *us* : *Dex* 1, *tiex* 75, soit *s* : *gentix* 516, *leux* 1253, *maux* 1028. *Mlt*, abréviation de MULTUM, a été développé par *mout, amir'* par *amirauz* (en clair 1470) et *enmir'* par *enmirauz* 1507.

Noms propres : Ils sont souvent abrégés par sigle ou par
suspension. Le héros principal est désigné par *G.* ou *Guill.* ;
dans les neuf copies le nom n'apparaît en clair qu'une fois
sous la forme *Guillaume A²* 1178 ; comme il assone en *é* ouvert,
nous avons imprimé au cas-sujet *Guillelmes* (*Guillelme* 548) et
au cas-régime *Guillelme* ; *T.* et *Tieb.* ont été résolus par *Tiebauz* ou *Tiebaut* (en clair 230 et 253), *Mah.* par *Mahomez* (*-et*)
et *Sarr.* par *Sarrazin*(*s*) d'après *sarrazine* 295 et 1190 ; *kll*,
adaptation de l'abréviation de CAROLUM, a été lu *Challe* 1364.

§ 3. *Corrections.*

Le manuscrit *A¹* a été reproduit avec le minimum de retouches ; nous n'avons corrigé que les erreurs matérielles indis-
cutables, sans avoir le souci de retrouver une leçon plus
ancienne ; en particulier la leçon de *A¹* a été maintenue même
contre la coalition des trois autres manuscrits *A* [8].

Cette remarquable copie n'a exigé que 47 interventions pour
1791 vers ; d'ailleurs certaines de ses fautes remontent plus
haut dans la tradition.

Dans 28 cas, il s'agit de banales fautes de plume : oubli de la
barre de nasalité 1722, de la consonne finale 33, 296, 297, 1127,
1350, spécialement du *s* de *les* devant une consonne dans un
groupe rythmique 1208 (*le*(*s*) *contes* a été pris pour un singulier),
1214, 1622, 1670, 1739 ; omission d'une lettre 307, 468, d'une
syllabe 925, 1670, d'un mot 798 ; *e* sourd non noté à la césure
1721, 1677 ; répétition d'un mot 273, d'un hémistiche 1258,
d'un vers 1312 ; lettre parasite 166, 436, 1043, 1063, 1150,
1779 ; graphie dialectale négligée 1268.

Les 19 autres cas sont des lapsus à peine plus importants :
confusion de caractères : *l* et *i* 129, *r* et *t* 326, *r* et *i* 1158, de
mots dont le tracé est semblable : *le* et *la* 834, 951 [9], *tost* et *toz*
494, 1489, *bessent* et *brisent* 1000, *pendre* et *prendre* 769, *point*
et *prent* 830 ; majuscule initiale mal lue 414, 581 ; *cil* au pluriel

---

8. Le réquisitoire de BÉDIER contre LACHMANN n'a pas convaincu tous les éditeurs. Certains se sont efforcés de réhabiliter la méthode critique (voir M. DELBOUILLE,
Le Lai d'Aristote de Henri d'Andeli, Paris, 1950, p. 13) ; d'autres ont adopté une solu-
tion moyenne, en rejetant le manuscrit de base lorsqu'il est contredit par l'accord de
tous les autres témoins (voir A. HENRY, *Les Œuvres d'Adenet le Roi, I*, Bruges, 1951,
pp. 88-91). Dans le cas d'une chanson de geste anonyme, à tradition complexe, comme
la *Prise d'Orange*, il est préférable de ne pas aligner mécaniquement un manuscrit sur
les autres (Une variante personnelle de *A¹* peut être supérieure aux leçons concur-
rentes, voir v. 1586).

9. Voir la note *951.

pris pour un singulier 1257 ; régime antéposé pris pour un sujet 1468 ; nom propre altéré 1590 ; reprise d'une conjonction ou d'une préposition précédente 717, 961 ; confusion portant sur des formules stéréotypées 481 ; répétition machinale d'une formule de la laisse parallèle 1569.

A^3 qui fournit les 97 derniers vers a été retouché neuf fois. Les corrections ont été empruntées au groupe A ou au sous-groupe B ; deux fois seulement à C ou D.

Nous avons gardé les trois alexandrins 46, 185, 1231 et laissé le v. 624 avec neuf syllabes.

V. Langue du scribe.

§ 1. *Phonétique.*

1º *Voyelles.*

a + yod : dans la langue du scribe l'évolution de *ai* vers *è* ouvert paraît avancée ; il emploie presque uniquement *e*, même si la graphie doit masquer l'assonance : *atrete* 36, *chetif* 110, *Es* 1420, *ese* 1554, *ledengié* 118, *sesi, tret* 120. Exceptions : *aigle* 462, *araisoné* 438, *faitement* 1100 et tous les exemples de finale absolue : *ai* 266, *mai* 39, *menjai* 169 ; dans *moi* pour *mai* 584, un [w] s'est développé derrière la labiale [10] ; *bailleroi* pour *baillerai* 1156 est une graphie influencée par le conditionnel.

é fermé tonique devant nasale (libre ou entravé par *n* mouillé) : le résultat est noté *ain, aign* : *destraint* 359, *mainne* 623, *paine* 37, *painte* 274, *plains* 333 ; *ensaignes* 196, *taignent* 379.

ó ouvert tonique (libre ou entravé par *l* mouillé) : le résultat est *oe* dans *oevre* 421, généralement *ue* : *coluevres* 1231, *duel* 873, *descuevre* 778, *iluec* 430, *puet* 589 ; *fueille* 654, *orgueil* 1127, *vueill* 1428 (mais *voil* 353, 1419). Noter *buens* 59, 61.

ó fermé tonique libre : alors que l'assonance a toujours *o(u)* (*nevou* 533, *orgueillox* 220, *prou* 1251, *proz* 1025, *sol* 225), le résultat est double à l'intérieur du vers : il est *o* devant *r* qui suit : *flor* 205 (*fleur* 273), *harpeor* 56, *meillor* 241, *plusor* 78, *poingneors* 154, *seignor* 1 ; dans les autres cas il est *eu* : *eure* 1740, *glorïeus* 2, 499, 540, *gueule* 224, 1605, *merveillex* 272, *neveu* 10, 1032, *orgueilleus* 865, *preu* 1172, 1332, *preuz* 1095, 1343, *seue* 258, *seus* 1713 [11].

10. P. Fouché, *Phonétique historique du français*, III, p. 753.
11. M. K. Pope, *From Latin to Modern French*, 2ᵉ éd., p. 106, § 230 ; p. 495.

Réduction de diphtongues et de triphtongues : *iee* > *ie* [12] :
beisie 1268, *entaillies* 461, 647, *esloignie* 1264 ; *ieu* > *eu* : *eulz* 257,
280, 1601, *leux* 1253, *velz* 1517, 1575 ; *ieu* > *iu* : *liue* 1317 ;
oi > *o* : *oseillons* 246 ; *oi*, à l'étape [*wé*], > *é*, écrit *ai*, dans *estrait*
1478.

Traitement particulier aux voyelles atones : *a* est labialisé en *o*
dans *poon(s)* 174, 553 ; *e* est labialisé en *o* dans *voiez* 242,
voïstes 524 ; *i* de *chaienes* 858 et de *cruiauté* 757 paraît être un
son de transition ; inversement *i* n'est pas noté dans *rëaume*
892 ; *o* a subi une dissimilation dans *hennorez* 440 ; l'indéfini
on est remplacé par *en* 12, 321, 848.

2° *Consonnes.*

Alternances graphiques.

canel 41 et *recaner* 411 sont pour *chanel* et *rechaner.*

g- devant *e, i* équivaut à *gu-* dans *Gilebert* 419, *Sorge* 404.

-ich- = *-ch-* : *sache* 1561, *atachié* 1020 ; *haiche* 1061,
saichié 1020, *huichier* 874 ; de même *-ig-* = *-g-* : *corage* 725,
enrage 1766, *mesagier* 179 ; *coraige* 733, *enraige* 1054, *mesaigier*
1476 (mais *saige* 34 doit être lu *sai-ge*) [13].

m et *n* alternent devant labiale : *aonbrer* 784, *enpire* 1298,
empire 1750.

-ss- s'emploie pour *-s-* : *cortoisse* 1588 et *-s-* pour *-ss-* : *asiet*
1604, *asise* 356, *mesagier* 179, *oïsiez* 1313 ; *-z* remplace *-s*
étymologique : *celz* 23 et *-s* remplace *-z* : *ars* 1118, *ces* 250,
1064, *escris* 561, *maus* 1053, *vers* 1086.

l remplace parfois *u* dans les monosyllabes surtout : *celz* 23,
cels 1304, *els* 1499, 1530, *mielz* 624, *vielz* 620, *soltive* 1165 ; *l* est
parasite dans *eulz* 257, *filz* 230, *muls* 248, 1149.

Consonnes mouillées.

n mouillé est toujours transcrit *-ign-* : *broigne* 968, *Espaigne*
6 ; *digner* pour *disner* 1390 présente un traitement dialectal de
-sn- [14].

l mouillé est noté à la finale par *-il, -ill* : *gentil* 692, *gentill* 693,

---

§ XVIII (L'absence de diphtongaison de *o* fermé devant *r* serait un trait de l'est) ;
voir aussi P. FOUCHÉ, *Phonétique historique...*, II, p. 307, R. VI.

12. Réduction attestée dans le nord et l'est ; voir M. K. POPE, *From Latin...*, p. 488
§ V ; p. 494, § III.

13. Les graphies *-ich-, -ig-* proviennent des régions où *ch, g(j)*fortement mouillés,
ont été précédés d'un yod de transition. Certains scribes les emploient avec la valeur
·de *-ch-, -g-.*

14. *Romance Philology*, XIV, 1961, pp. 267-268.

soleil 102, *soleill* 71 ; dans le corps du mot par *-ill-* : *moillier* 25, *perilleus* 860, *Puille* 1301, *vaillance* 183, *veillier* 168 ; il est possible que *vielle* 139 soit une forme dialectale sans mouillure.

Chute des consonnes dans certaines positions.

Parfois *s* n'est pas noté devant consonne, à l'intérieur d'un mot : *bla(s)me* 1361, *di(s)t* 208, 283, 317, 351, *Ro(s)ne* 108, *so(s)pire* 1728 ou dans un groupe rythmique : *a(s) granz* 48, 858, 1648, *de(s) François* 75, *beau(s) frere* 155, 239, 267, *beau(s) sire* 199, 268.

s (étymologique ou provenant de *z*) s'amuit à la finale absolue à en juger par les cas-régimes pluriels tels que : *adoubé* 1687, *combatant* 1098, *enclin* 549, *fervesti* 566, *quarré* 928, *Persant* 97.

l final est tombé dans *i(l)* 175, 962, 1256.

Traitements divers. L'épenthèse de *d* n'a pas eu lieu dans quelques formes verbales : *venra* 593, *venront* 1698, *vinrent* 1318, *vorrai* 3, *vorront* 1699, *vorroie* 443 [15].

r est dissimilé dans *mabrin(e)* 1160, 1703, assimilé dans *melle* 51, 82 ; il a subi une interversion dans *fremer* 1019.

§ 2. *Morphologie.*

Déclinaison.

La déclinaison à deux cas est très altérée dans notre manuscrit. Les noms propres perdent souvent la marque du sujet, *Guïelin* et *Guillebert* plus facilement qu'*Arragon* et *Bertran* ; en ce qui concerne les noms communs et les adjectifs, le scribe met au cas-régime : dans une forte proportion le sujet sans article (190, 257, 360, 463, 696), dans la moitié des cas l'attribut (61, 69, 73), parfois l'apposition (397, 476), l'apostrophe (335, 1520) et le sujet inversé (*le charbon* 1125 en face de *li charbons* 1136). L'emploi le moins atteint est le sujet non inversé accompagné de l'article (voir pourtant 687, 1122, 1175, 1773).

Il est difficile d'établir des règles absolues, car il existe des groupements contradictoires : *mon* pere et *ses* riches barnez 593, *Guïelin li proz* 1220, et par surcroît les mêmes formules se présentent sous des formes différentes : *hom* qui bien aime 366 s'oppose à *home* qui aime 360, *cist plez commenciez* 1571 à *cest plet commencié* 394, *li fondemenz* en est *fez* 1133 à *le fondement* en est *fet* 1122. Le point de départ des perturbations est phoné-

---

15. Trait du nord et de l'est ; voir M. K. Pope, *From Latin...*, p. 494, § VIII.

tique : des groupements tels que *riche, menanz et assazé* 578,
preuz et vaillant 1095 paraissent reproduire l'état des consonnes
finales à l'époque du scribe : chute devant une autre consonne
et en fin de groupe, maintien devant une voyelle [16].

Noter 3 formes analogiques dans les imparisyllabiques :
ber 119, *felon* 220, *sire* 1172.

Pronoms.

Pronoms personnels : *el* = *elle* 627 ; *lui* = *li* 673, 1358.
Pronom démonstratif : *ceus* 88 est un féminin pluriel.

Désinences verbales.

A la 4e personne, *-on* alterne avec *-ons* : *creon* 815, *descendon*
1035, *enterron* 1043, *feron* 1081.

La 4e personne a *s* analogique au parfait dans *lessasmes* 1333.
Le futur 5 est en *-oiz* : *orroiz* 653, *seroiz* 933, *verroiz* 932.

§ 3. *Syntaxe.*

On notera quelques traits qui remontent à *A* : goût pour la
parataxe 342-343, 1296 (les intonations du récitant devant préciser le sens) et emploi de tournures expressives : *quant* en
subordination inverse *148, futur antérieur de « bilan » *444,
construction condensée 294-297, 824, rupture de construction 581, 706, 1490, 1516.

§ 4. *Vocabulaire.*

Trois mots ont été pourvus du suffixe *-ois* pour les besoins
de l'assonance : *lorois* 1137, *majorois* 1132, *tapinois* 326. L'emploi de *carroige* 657 est peut-être régional.

Certains traits (évolution de *ó* fermé, réduction de *iee* à *ie*,
absence d'épenthèse) semblent indiquer que le manuscrit a
été copié à l'est de Paris, mais ils sont peu significatifs.

---

16. L'affaiblissement des consonnes finales, devant consonne à l'intérieur d'un
groupe ou à la finale absolue, est très ancien. G. STRAKA le date de la fin du XIIe ou du
début du XIIIe siècle (*L'évolution phonétique du latin au français...*, p. 56, dans *Travaux
de linguistique et de littérature*, II, 1, 1964), voir aussi J. CHAURAND, *Histoire de
la langue française (Que sais-je ?)* p. 36 et G. MOIGNET, *Sur le système de la
flexion à deux cas en ancien français* dans *Mélanges Gardette*, pp. 339-356.

VI. Versification. Langue du poète.

§ 1. Compte des syllabes.

Le manuscrit A^1, complété par A^3, se compose de 1884 déca-syllabes et trois alexandrins 46, 185, 1231 ; deux vers sont trop courts par accident 624 et 798.

Enclise.

On notera : *gel = ge le* 222, 1548 ; *nel = ne le* 156, 291, 974 (mais *ne tel* 1280 = *nel te* 1741) ; *nes = ne les* 1118 ; *quel = que le* 1364 ; *ques = que les* 1491, = *qui les* 1236 ; *sel = se le* 261, = *si le* 120, 142 ; *ses = si les* 604, 793, 1347.

Hiatus et élision.

L'auteur du remaniement *A* pratique l'élision du relatif *qui* et de l'adverbe *si* : *qu'est* 560, *qu'aime* 628 ; *s'a* 133, *s'avrai* 287 [17].

En accord avec la norme médiévale, l'élision de l'article masculin singulier *li* est facultative : *l'amirauz* 478, *li assauz* 890 et les monosyllabes *ce, ge, ne, que, se* peuvent indifféremment s'élider ou former hiatus : *c'est* 763, *ce est* 760 ; *g'en* 471, *ge esseroie* 690 ; *n'aler... ne entrer* 375 ; *qu'en* 255, *que il* 84 ; *s'eüssons* 87, *se estïons* 1372.

L'hiatus des polysyllabes (que n'admettent pas tous les poètes) est toléré, mais seulement devant un monosyllabe : *Guillelmë a* 129, *Guillelmë au* 428, *Sirë et* 815, *Orablë au* 1197, *onclë et* 1589. Au v. 1802 *apelë avant* est fautif (*A⁴ apela*).

Un hiatus interne est résolu dans *voiez* 242 ; pour *jeuné* voir v.*38.

La mesure du vers atteste le possessif court *vo* 1366, 1471, 1531, 1765, 1771 [18].

§ 2. Assonances.

Les vers sont répartis en 62 laisses (61 en réalité, la distinction des l. XXVII et XXVIII étant arbitraire) sur 13 assonances différentes : 7 masculines et 6 féminines.

---

17. Élision plus fréquente que ne l'indique Foulet, *Petite syntaxe de l'ancien français*, 3ᵉ éd., § 247 et 439 ; elle se rencontre dans les trois rédactions, négligence de la langue épique plutôt que trait dialectal.

18. Les formes *no, vo*, traditionnelles en picard (Voir C. T. Gossen, *Petite grammaire de l'ancien picard*, p. 104), se rencontrent aussi à l'est (Voir *Couronnement de Louis*, CFMA, 2ᵉ éd., p. XII).

Laisses masculines (44)

1º *an, en.* Laisses IV, XVI, XXI, XXIX, XXXV, XLIII, XLVIII, LVIII, LX.

Réunion des deux sons ; dans aucun cas *a* oral n'assone avec *a* nasal. A signaler le subjonctif imparfait 6 *retornissant* *640 et *paiens* 1713 [19].

2º *é* (du latin A libre). Laisses III, VI, IX, XV (sauf les quatre premiers vers), XIX, XXIV, XXVI, XXX, XLVI, XLIX, LI, LVII, LXI.

Cette assonance ne contient que les mots en *é* issus de A tonique libre et en plus le mot *Dé* 155, 1651, 1868. Font partie de ce groupe : *afïer* 581, *afïez* 1387, *guïez* 1389, *guïer* 1443. *Dedïer* 1873 est bivalent [20]. Trois finales sont en *ié* : *lacié* 948 (*C fermé*), *percier* 1401 (*C colper*), *envoié* 1402 (*D trover*).

3º *ié.* Laisses XIV, XXVII, XXVIII (sauf les quatre premiers vers), XXXII, L, LIII, LV.

guïez 1474 a déjà été relevé dans le groupe précédent. Cinq finales sont en *é* : *ber* 377 (*D bien*), *Escler* 1483 (passage refait), *garder* 1525 (*C baillier*), *faudrez* 1535 (particulier à *A*), *bacheler* 1595 (*C niés, D fier*). *A* admet donc exceptionnellement des dérogations à la loi de Bartsch.

V(i)elz 1519, 1575 est une graphie de *viez*, forme dialectale [21] ; *ien* est compris dans ce groupe : *rien* 365, *paiens* 888.

4º *i.* Laisses XVIII, XXII, XL, XLIV, LII, LVI.

Cette assonance réunit *i* suivi de consonne orale et *i* suivi de consonne nasale ; on y trouve le produit de *e* ouvert + yod : *mi* 1204, *piz* 1620. A noter : *chaïr* 1635, *seïr* 563, *mi* «moi» 1507 [22].

5º *ó.* Laisses VIII, XVII, XXV, XXXIII, XXXVI, XLI.

Une seule laisse en *on* pur : l. XXV ; les autres mélangent *o* suivi de consonne orale et *o* suivi de consonne nasale ; l'origine de *o* est ō latin, libre ou entravé, cf. l. VIII *baron, jorz, orgueillox.* A noter : *besoing* 531, *poing* 1241 et le lorrain *ous* = *eus* 226.

6º *oi.* Laisses XII, XXXVII.

Dans tous les cas *oi* est issu d'un ancien *ei*.

19. Cette prononciation est régionale : voir *Floovant,* éd. ANDOLF, v. 1811.

20. L'opposition entre *i-é* et *i-ié* est étymologique : *fi-er* *FIDARE ; *dedi-ier* DFDI-CARE ; la différence de prononciation étant ténue, ces terminaisons sont considérées comme bivalentes ; *guïez* est dans les deux groupes 1389 et 1474 ; cf. *criier* (: *chevalier*) *Richars li biaus,* éd. FÖRSTER, v. 400 ; *fiier Couronnement ae Louis, CFMA,* v. 213.

21. *.ieu* n'assone pas avec *ié* ; distinguer *viez* de VETUS, réservé aux choses (étoffes, vin, chemin...) et *viez,* forme dialectale de VECLUS qualifiant une personne (v. n. 26); par erreur *FEW* XIV, 364 classe sous VETUS deux exemples dialectaux de *viez* désignant des personnes.

22. Assonances traditionnelles ; voir *Romania,* 1925, pp. 295-302.

7° *u*. Laisse V.

Cette assonance admet la diphtongue descendante *ui* : *bruit*, *lui, encui, anui.*

Laisses féminines (18).

1° *a. e*. Laisses XXIII, XXXIV, XLV, LIV.

Plusieurs finales ont *ai.e* : *contraire* 735, *aresne* 1047, *fere* 1055, *fraites* 1060, *esclaire* 1379, *ese* 1554, *trere* 1555. A noter : *autre* 1365, *sauve* 1375.

2° *an. e, en. e*. Laisses VII, LXII.

Le mélange des deux sons est complet. *Rosne* 190 est fautif ; *regne* 181 se prononçait *ran-ne* ; le passage de *eigne* à *aigne* dans *ensaignes* 196 et *praigne* 198 est dialectal [23].

3° *é* (issu de A). *e*. Laisse XI.

4° *è. e*. Laisses II, XXXIX, XLVII.

A noter : des archaïsmes : *elmes* 1176, *Guillelme(s)* 33, 1178, 1185 ; des finales en *ai.e* : *atrete* 36, *gaires* 1179, *trere* 1187, *Hylaire* 1188 (elles sont bivalentes, cf. *trere* 1555) ; des prononciations dialectales : *saiges* 34, *place* 1177 et *Orable* 1189 qui supposent *plaice* et *Oraible* [24].

5° *i. e*. Laisses I, X, XIII, XX, XXXVIII, XLII, LIX.

On a seulement deux cas de *ie* = *iee*, dans la même laisse : *esloignie* 1264, *beisie* 1268.

6° *ó. e*. Laisse XXXI.

Laisse en *on.e* sauf *escharbocle* 975.

Que nous apprennent le compte des syllabes et les assonances sur la patrie et la date du remaniement *A* [25] ?

Parmi les traits dialectaux, certains sont très répandus et peu significatifs : union des produits de ō libre et ō entravé, emploi de *mi, vo, chaïr, seïr* ; d'autres sont des traits orientaux : présence de *paiens* dans une laisse en *an*, de *ensaignes, praigne* dans une laisse en *an.e*, de *saige, place, Orable* dans une laisse en *è*, de *viez* dans une laisse en *ié*, emploi de *retornissant* et

---

23. Sur *ensaigne* et *praigne*, voir P. FOUCHÉ, *Phonétique historique...* II, p. 384 (il cite *tangne* et *vangne* en Champagne) ; *praigne* figure dans une laisse en *an.e* du *Charroi de Nîmes*, éd. LANGE-KOWAL, v. 92. La prononciation du mot savant *regne* est normale malgré une remarque de P. Fouché (*ib.*), puisque la rédaction puriste *B* a gardé cette assonance.

24. *Plaice* et *Oraible* sont attestés dans les *Enfances Guillaume*, *SATF*, v. 1079, 1866.

25. On attribue à l'auteur les faits garantis par le compte des syllabes et par l'assonance ; car on admet que les exigences de la versification rendent plus difficile l'intervention des scribes.

de *ous*. Ce sont des facilités de versification.

En ce qui concerne la date, on sait que la versification des chansons de geste est traditionnelle et fournit rarement dès éléments de datation précise ; une chanson récente telle que les *Enfances Guillaume* présente un état de langue peut-être plus ancien que la *Prise d'Orange* qui n'offre aucun parfait en -*ié* alors qu'on a *respondié Cour*. 2587, *Charroi* 396, *Enfances* 522 (réd. *A* inédite). Quoi qu'il en soit, la réduction de l'hiatus de *voiez* 242 et la nasalisation de *paiens* (en $\tilde{e}$ puis $\tilde{a}$) 1713 ne peuvent être antérieures au XIIIᵉ siècle.

L'archétype O^2 provenait de la même région que A ; l'auteur du renouvellement O a, lui aussi, écrit dans la langue commune en recourant au besoin à des formes de l'est. Deux traits au moins de A qui se retrouvent dans D doivent être attribués à O : emploi du subjonctif imparfait *retornissant* dans une laisse en *an* et de *viez* dans une laisse en *ié*.

Dans deux autres cas, la leçon de D, perdue par A, semble authentique : le vers 72 se termine par *une novele tel*, alors qu'on attend *unes noveles tes* d'après D 25 ; le pluriel, confirmé par B 72, C 71 et A 127, introduit à l'assonance la forme régionale *tes* dans une laisse en *é* (issu de A). Dans A 1506, *fins* est un terme impropre, que B a corrigé en *hardi* ; la leçon ancienne est *firs* de D 1206 (elle reprend A 1590) [26].

VII. Analyse du poème.

Le trouvère annonce qu'il va donner une suite au *Charroi de Nîmes* et chanter comment Guillaume s'empara d'Orange et épousa la Sarrasine Orable (I, II).

Dans Nîmes où il vient de s'installer, Guillaume, troublé par le printemps, s'ennuie : pas de demoiselles à courtiser, pas d'ennemis à combattre ! (III, IV). Voici qu'arrive Guillebert : il s'est échappé d'Orange où les Sarrasins le tenaient prisonnier (V, VI). Tout en contant aux Français sa capture et son évasion, il évoque la puissance d'Orange qu'Aragon défend en l'absence du roi Tibaut son père et vante les charmes incomparables de la reine Orable, belle-mère d'Aragon (VII, VIII) ;

---

26. *eu* n'assone pas avec *é*, pas plus que *ieu* n'assone avec *ié* (voir G. Lote, *Histoire du vers français*, III, 1, p. 160, § 5 ; p. 166 β ; p. 168, § 4) ; dans les dialectes de l'est (Lorraine, Champagne), *l* peut tomber au lieu de se vocaliser (voir P. Fouché, *Phonétique historique...*, II, p. 320, R. IV ; p. 323, R. I.).

enflammé par ce récit, le comte presse Guillebert de questions et déclare qu'il veut « la dame et la cité » (IX, X). Devant les objections répétées de Guillebert, il renonce à une expédition militaire, mais décide d'aller sous un déguisement voir la ville merveilleuse et la belle Orable : le fugitif, qui parle sarrasin, l'accompagnera (XI, XII). Bertrand lui prédit qu'il sera reconnu à la bosse de son nez et à son rire ; il persiste néanmoins dans son dessein : un homme amoureux est prêt à toutes les folies ! Guillaume et Guillebert se couvrent le corps d'un enduit noir ; Guielin décide alors de les accompagner. Ils partent, Bertrand reste à Nîmes (XIII, XIV).

Les trois voyageurs traversent le Rhône, la Sorgue et arrivent sous les murs d'Orange. Se présentant comme des envoyés de Tibaut, ils sont introduits à l'intérieur de la ville (XV). Aragon les reçoit dans son magnifique palais *(confondu par le remanieur avec Gloriette, le palais d'Orable)*. Préoccupé d'exhaler sa rancœur contre Guillaume et ses neveux, le prince ne répond qu'évasivement à leur demande de voir la reine (XVI, XVII). Ils prennent un repas (XVIII), puis l'entretien continue. Guillaume dans un prétendu message s'accorde la satisfaction de menacer à son tour Aragon (XIX) ; enfin celui-ci leur parle de sa belle-mère ; Guillaume apprend avec plaisir qu'il la déteste (XX).

Un serviteur les conduit auprès d'Orable et de sa suivante dans une salle où est aménagé un jardin magique. Le comte répète ses menaces (XXI, XXII) et fait son propre éloge (XXIII).

Des curieux sont venus *(On doit supposer qu'Aragon les a suivis)* ; l'un d'eux, Salatré, reconnaît les chrétiens et, pour vaincre les doutes d'Aragon, il enlève le fard de Guillaume en le frappant au front avec une tunique d'or (XXIV). Guillaume tue Salatré d'un coup de son bourdon (XXV) ; favorisés par la surprise, les trois Français chassent les Sarrasins de la pièce, verrouillent les portes et lèvent le pont-levis (XXVI).

Ils repoussent les premiers assauts de leurs adversaires avec des moyens de fortune (XXVII, XXVIII) et Guielin invite ironiquement son oncle à courtiser celle qu'il aime (XXIX). La reine prévoit qu'ils ne pourront interdire longtemps l'accès de la tour ; émue par tant de bravoure et déjà éprise de Guillaume, elle lui donne des armes (XXX) ; sa compagne arme Guielin *(texte fautif)* (XXXI). Avant que Guillebert soit complètement équipé, les Sarrasins réussissent à pénétrer dans la salle. Les Français les repoussent (XXXII) et font une sortie

victorieuse (XXXIII, XXXIV). Aragon, découragé, offre à
Guillaume la vie sauve s'il veut s'en aller. Guillaume refuse ;
Pharaon, le farouche conseiller d'Aragon, l'invite à employer
le feu grégeois (XXXV). Aragon avoue son impuissance : la
solidité de la construction empêche tout travail de sape et le
feu n'a pas de prise sur des murs (XXXVI).

A ce moment critique, Orquanois révèle l'existence d'un
souterrain qui communique avec la tour (XXXVII, XXXVIII).
Aragon surprend ses ennemis par derrière (XXXIX) ; après
une courte résistance ils sont faits prisonniers (XL). Ils vont
être brûlés, mais Orable, qui projette de les sauver, obtient
qu'on les jette en prison, sous prétexte que le soin de la vengeance revient à Tibaut (XLI). Des messagers se rendent auprès
du roi qui s'embarque avec ses troupes pour Orange (XLII).

Dans le cachot Guillaume se désespère et Guielin le raille
(XLIII) ; la reine vient trouver les prisonniers et, après s'être
fait promettre le mariage par Guillaume, les libère (XLIV,
XLV). Elle les conduit dans son palais et leur apprend l'existence d'un souterrain qui permettrait d'aller demander du
secours à Bertrand (XLVI). Guielin refusant de laisser son
oncle, Guillebert se charge du message (XLVII, XLVIII).
Orable sert de guide dans le passage secret ; le messager tra-
verse le Rhône et se dirige vers Nîmes ; les autres retournent
dans Gloriette (XLIX).

Mais un Sarrasin qui les a espionnés rapporte à son maître
la trahison de la reine (L). Les Français sont bientôt arrêtés.
Pharaon presse le prince de brûler sa belle-mère (LI, LII) ;
le sage Esquanor conseille de prévenir Tibaut ; Aragon répond
que Tibaut est en route et il fait jeter les trois complices en
prison (LIII).

Orable est en butte aux plaisanteries de Guielin (LIV), puis
c'est au tour de Guillaume. Les païens, les entendant se quereller, jettent les deux hommes hors du cachot et les conduisent
dans Gloriette. Guielin tue d'un coup de poing Pharaon qui
conseillait de leur trancher les membres (LV), puis Guielin
et Guillaume massacrent nombre de Sarrasins (LVI), jettent
les autres hors du palais et lèvent le pont-levis.

Le poète revient alors à Guillebert et le montre pénétrant
dans Nîmes où Bertrand se lamente (LVII, LVIII). Guillebert
s'acquitte de sa mission ; Bertrand et ses troupes ont vite fait
d'arriver sous les murs d'Orange (LIX).

Treize mille hommes pénètrent dans Gloriette par le souterrain, se répandent dans la ville et ouvrent les portes au reste de l'armée. Bertrand tue Aragon, Guillaume délivre Orable, la ville est prise (LX).

Orable reçoit en baptême le nom de Guibourc ; Guillaume l'épouse (LXI). Il restera trente ans à Orange, disputant chaque jour sa ville aux Infidèles (LXII).

VIII. Caractères de la rédaction a.

La rédaction *A* n'est pas l'original ; issue d'une longue transmission, elle a perdu beaucoup de leçons anciennes.

Dans une première révision du texte, O^2 a pratiqué des retouches dont l'une au moins, déplaçant un épisode, a modifié de manière sensible la structure de la chanson [27].

Voici les principales innovations :

1º Dans *D*, le fugitif apprend son nom à Guillaume qui le questionne ; dans *A* 169 et dans *C*, il répond qu'il voudrait d'abord manger et Guillaume sait le nom de Guillebert sans que ce dernier l'ait donné.

2º La patrie de Guillebert est *Leün* : Laon ; *A* 184 et *C* en font un parent du duc d'Ardenne.

3º Les vers 294-295 constituent une anticipation littérale des objections de Bertrand 336-337, mais faite à contresens, car Guillaume n'a pas encore eu l'idée de pénétrer dans Orange sous un déguisement ; le passage correspondant de *D* envisage une expédition militaire.

4º Une fois introduits dans Orange, les prétendus messagers rencontrent des Sarrasins *amont les rues* dans *D*, mais *el palés* dans *A* 454 et dans *C* ; puis ils aperçoivent le palais dont le poète vante la beauté merveilleuse. Dans les trois manuscrits la description est faite de l'extérieur (cf. *A* 462) ; ils ne sont pas encore à l'intérieur de l'édifice ; la première mention du palais est fautive.

5º La laisse XXIV a été retouchée. Dans *D*, un des païens venus en curieux reconnaît Guillaume à la bosse de son nez et va prévenir Aragon resté dans son palais ; le prince se précipite dans Gloriette et interpelle Guillaume. O^2 a remplacé ce

---

27. *Les rédactions en vers...*, pp. 25-27 et 72 ; le stemma étant bifide (O^2 contre *D*) le classement des manuscrits n'est d'aucun secours pour détecter les interventions du remanieur ; mais elles sont dénoncées par les imperfections de l'ajustage.

récit banal par une scène animée : Salatré révèle le nom des chrétiens à son maître qui se trouve dans la salle ; puis d'un geste rapide, il enlève le fard de l'un d'eux en le frappant au front avec une *cote* 775 (dans *C* il lui lance au visage le contenu d'une *coupe* de vin). La réfection est visible : en effet Aragon n'avait pas accompagné les visiteurs près de la reine ; de plus les vers 772-790 sont postiches et ne s'ajustent pas à la laisse suivante ; le début de cette laisse fait allusion aux paroles du païen, non à son geste et prolonge les vers 760-771 par dessus le passage suspect.

6º Dans le v. 1242, Orable dit au personnage qu'elle chasse : « *issez hors de la tor* », bien que la scène se déroule à l'extérieur de la tour ; la bonne leçon est *cort* de *D*.

7º Le dénombrement épique des vers 1364-1366 est interpolé ; Orable conseille en fait d'avertir Bertrand (voir 1402-1404).

8º La divergence la plus grave entre O^2 et *D* porte sur le moment où est envoyé le message à Tibaut. Dans O^2, dès la première capture des chrétiens, la reine, qui veut les sauver, doit demander l'arbitrage de son mari (laisses XLI-XLII de *A*) ; dans *D*, la première fois, elle échange les prisonniers contre un magnifique destrier et le recours à Tibaut ne devient nécessaire qu'après la seconde capture, au moment où la trahison de la reine est manifeste (après la laisse LIII de *A*).

L'ordre primitif est celui de *D* ; la rencontre *AD* sur le vers 1531 prouve que dans l'archétype le conseiller n'avait jamais entendu parler d'un message précédent. Le remanieur O^2 a voulu donner plus de consistance à Aragon qui dans *D* est un fantoche prêt à céder à toutes les pressions.

9º Les deux laisses d'introduction qui manquent à *D* semblent avoir été ajoutées par O^2 afin de fournir une transition entre la *Prise d'Orange* et le *Charroi de Nîmes*.

Ainsi remaniée, la chanson a été plusieurs fois transcrite et a subi de nouvelles altérations que l'on peut saisir au niveau de *X* et de *A* [28].

Un seul de ces changements paraît raisonné : la refonte de la laisse XLI. Dans le poème primitif, le personnage qui s'oppose aux desseins d'Orable est le farouche conseiller d'Aragon, celui

---

28. *Les rédactions en vers...*, pp. 16 et 19-24. Un accord *BC(D)* contre *A* indique une innovation de *A*, un accord *CD* contre *AB* indique une innovation de *AB* ; on notera aussi que *B* a rectifié les leçons de *X* qui lui semblaient mauvaises.

qu'on voit s'acharner contre les chrétiens (*Pharaon* de *A*). Le réviseur *X* a remplacé Pharaon par Aragon dans le v. 1233 et adapté les v. 1244-1245 au nouveau contexte [29]. Cette modification était imposée par le déplacement du message à Tibaut ; elle ajoute une nuance importante au personnage d'Aragon, la vraisemblance exigeant que le prince proteste contre la conduite de sa belle-mère.

Les autres changements ont moins de portée. Certains sont purement formels :

1° *Assonances inexactes.*

V. 190, 377, 397-400, 948, 1401, 1402, 1483, 1525, 1535, 1595.

2° *Mauvais découpage de laisse.*

Une laisse unique a été divisée en deux (XXVII et XXVIII). Les cinq derniers vers de la laisse L formaient le début de la laisse LI ; la nouvelle disposition coupe en deux le discours d'Aragon ; *Escler* 1483 est un résidu de l'ancienne rédaction.

3° *Omissions.*

Il manque *dan* (v. 624) et *ge* (v. 798) ; un vers a été passé après 227, 868, 1237, 1412 ; un bourdon est possible au v. 406.

4° *Vers déplacé.*

Dans *O*, le v. 378 suivait le v. 380.

5° *Erreurs de lecture.*

Nous citerons parmi celles que nous n'avons pas corrigées : 270 *lices* pour *listes* ; 405 *Arragon* pour *Avignon* ; 775 *cote* pour *cope* ; 804 et 825 confusion de noms propres ; 961 *chanbre* et *dame* ont été intervertis.

Enfin on relève dans notre rédaction [30] des fautes en quelque sorte professionnelles venant d'une utilisation mécanique de la technique épique : symétrie excessive d'une laisse à l'autre (276-282 = 253-259), recommencement inutile (212-227) ou

---

29. C 1322-1323 : « *Biax fiels, dist ele, met les en ta prison Tant que tes peres venra en cest roion* ».

30. *B* a souvent un meilleur texte que *A*, soit qu'il ait gardé une leçon ancienne, soit qu'il ait pratiqué une correction.

mal ajusté au récit (la description des vêtements d'Orable 683-686 = 660-663 n'explique pas l'exclamation du v. 688), vers formulaire inséré à contretemps (79), formules mal adaptées au contexte.

Le dernier cas est fréquent ; les scribes ont trop souvent profité des facilités que leur donnait la laisse pour modifier le texte, sans se soucier de l'exactitude de la formule de remplacement. Voici des exemples nets : 158 *ja orroiz verité* pour *j'en ai oï parler* ; 196 *chieres ensaignes* « enseignes de prix » pour *chieres grifaignes* « têtes horribles » ; 510 et 517 l'expression *sor la tor* et le nom de *Gloriete* devraient être réservés à la résidence d'Orable ; 585 et 710 *sivra* pour *assaudra* ; 616 *rois Arragon* pour *li jantis cuens* de *D* ; 632 *Damedex* ne peut désigner Mahomet ; 800 *taint comme charbon* pour *tint le chief embronc* ; 829 *poignant et tressüé* et 1015 *enchaucent* s'appliquent mal à un combat livré dans une tour ; 1152 *rendez* pour *donez* ; 1211 *feni* pour *forni*.

Cependant malgré les altérations de détail et le déplacement du message à Tibaut, la rédaction *A* est la plus fidèle à l'archétype et permet de porter un jugement sur l'auteur.

Il existe à l'égard de cette chanson une tradition de sévérité. L. Gautier lui reprochait son « invraisemblance grossière » et sa « monotonie » [31] ; M. J. Rychner y voit un poème composé oralement par élargissement progressif d'un noyau primitif, où « les mêmes thèmes se répètent sans aucun ordre nécessaire » [32].

On peut négliger les arguments de L. Gautier, qui condamne des répétitions inhérentes au sujet et des exagérations banales dans l'épopée. Il reste que le poète se donne parfois des facilités, ne se préoccupant pas d'accorder entre eux tous les détails de la narration et de motiver explicitement la conduite des personnages : Guillaume sait de lui-même le nom de la tour 357, il converse avec les Sarrasins alors qu'il avait emmené Guillebert comme interprète, l'amour-admiration d'Orable qui la conduira à trahir les siens n'est que discrètement suggéré 733, les assiégés lèvent un pont-levis que personne n'a jamais baissé 1020, et font une sortie sans passer par les portes 1036, 1063. Il est étonnant qu'un cachot n'ait pas de geôlier, qu'Aragon ne

---

31. *Épopées françaises*, IV, pp. 404 et 407.
32. *La chanson de geste*, p. 42.

s'inquiète pas de la disparition de Guillebert l. LII, que les troupes de Bertrand s'installent sous Orange sans provoquer de réaction ; on ne dit pas pourquoi les païens font sortir Guillaume et Guielin de prison l. LV. C'est qu'il s'agit d'un art populaire qui va droit à l'essentiel et requiert la complicité de l'auditeur. Le manque de vraisemblance que remarquent des lecteurs n'était sensible ni au jongleur, ni à son public.

Le second jugement paraît inspiré à M. Rychner par le désir d'augmenter sa liste de chansons à composition lâche et d'apporter une preuve supplémentaire de composition orale par apports successifs. La construction de ce poème nous semble au contraire très méditée. Il s'organise tout entier autour d'un thème qui est accessoire dans d'autres chansons [33] : les amours d'un chevalier et d'une païenne ; le point de départ est le double élan de conquête de Guillaume et le terme, la prise de la ville et le mariage du héros ; entre la mise en train et l'heureux dénouement, les motifs sont repris dans un ordre ascendant : les Chrétiens sont d'abord enfermés seuls, puis Guielin et Guillaume sont emprisonnés en compagnie d'Orable. Chaque épisode est soigneusement construit : le procédé favori de l'auteur est la progression jusqu'à un sommet suivie d'une chute, d'un effet de surprise. Ainsi, dans les préliminaires I-XIV, il peint l'ennui du comte, puis l'éveil de sa convoitise (sur deux laisses similaires IX-X) et la montée de sa colère devant les objections jusqu'à la décision inattendue *Ge te semoing tu venras avec moi* 322. La série de combats livrés dans Gloriette XXVI-XXXVI forme un crescendo parfait : les assiégés utilisent d'abord les projectiles qui leur tombent sous la main ; puis armés par la reine, ils repoussent les païens qui avaient pénétré dans la pièce et prennent l'offensive, moment capital repris par une laisse similaire et couronné par la proposition que leur fait Aragon de partir libres ; le prince apprend alors l'existence du souterrain. La comparaison des trois rédactions (cf. *C* XXVI-XXXV et *D* XXII-XXX), tout en faveur de *A*, montre qu'on ne pourrait sans altérer la narration modifier le nombre et l'ordre des laisses.

A la fermeté de la composition correspond une structure strophique forte [34]. Le découpage des laisses suit les divisions

33. On trouvera une liste de chansons où apparaît « la païenne amoureuse et compatissante » dans J. Bédier, *La composition de la chanson de Fierabras*, Romania, 1888, pp. 22-51.

34. J. Rychner, *La chanson de geste*, p. 107.

du récit ; en contrepartie les laisses composites sont rares LVII, LIX, LX. Tout passage important est souligné par une laisse similaire qui répète la précédente (III-IV, IX-X, XXXIII-XXXIV) ou la résume (I-II, LVII-LVIII), ou par la reprise d'une laisse en tête de celle qui suit (XIII-XIV, XXXVI-XXXVII, LXVII-XLVIII) ; les enchaînements et les reprises d'intonation portent parfois sur plusieurs vers : 1760-1766 et 1767-1772 ; 899-903 et 923-928.

L'originalité du poète est plus encore dans la conception du sujet que dans la netteté de l'architecture. Cet auteur de geste manifeste peu de goût pour les beaux coups d'épée : il se débarrasse des combats pour Orange dans une seule laisse composite (LX) où apparaît le vers révélateur *Que vos iroie le plet plus aloignant* ? 1846. Le rôle qu'il attribue à Tibaut est également caractéristique. Dans son effort de renouvellement — car ce que nous appelons « archétype » ou « original » n'est qu'un remaniement — il relègue le mari d'Orable à l'arrière-plan ; on peut supposer d'après des allusions de la *Chanson de Guillaume* et d'*Aliscans* [35] que dans la *Prise* ancienne, Tibaut, semblable à Butor de la *Prise de Cordres et de Sebille*, disputait sa femme à son rival dans un combat singulier. Dans la *Prise* renouvelée, il n'a qu'un rôle virtuel ; son absence, aussi absurde au début du poème qu'à la fin, ne s'explique que par les nécessités de la narration ; suivant la remarque de M. Frappier [36] « non seulement elle laisse les mains libres à Orable..., mais elle rend merveilleusement tutélaire ce mari trompé, car les Sarrasins... n'osent mettre à mort l'infidèle ».

Le renouveleur a transposé la chanson dans un registre humoristique qui se garde des moyens faciles. Il ne développe pas le motif du païen caricatural 232-233 (cf. au contraire *D* 375-381 et 1592-1603). Le comique est d'abord dans la peinture du héros principal : il a métamorphosé cet homme de guerre en personnage de chanson courtoise, troublé par le retour du printemps, amoureux d'une princesse lointaine et confessant le pouvoir souverain de l'amour, et il montre à quelles contradictions sa passion soudaine le conduit ; une fois qu'il a pénétré dans la ville ennemie, le comte, paralysé par le sentiment de sa folie, semble avoir perdu tout ressort (cf. v. 519) et n'agit que poussé par son neveu, utilisation ingénieuse du thème

35. Voir p. 33.
36. *Les chansons de geste...*, t. II, p. 269.

du renversement des rôles et du retour tardif au bon sens [37].

Le comique naît aussi des situations, car l'auteur a détaché des scènes à effet, parfois cocasses. Ainsi : malgré ses protestations le fugitif est contraint de retourner dans la ville d'où il vient de s'évader l. XII ; à Guillaume qui le questionne sur Orable, Aragon, obsédé par les victoires françaises, répond en exhalant sa rancœur contre les chrétiens de Nîmes l. XVII ; le comte, obligé de supporter des injures, se venge en grommelant entre ses dents l. XIX ; il fait son propre éloge à celle qu'il aime et écoute ses soupirs pour un inconnu... qu'elle a devant les yeux l. XXIII ; persuadé que la reine les a trahis, il prendra une attitude renfrognée lorsqu'elle vient dans le cachot l. XLIV. Quand un thème amusant est repris, il s'accompagne de variations : les scènes d'emprisonnement ne sont pas identiques l. XXIX, XLIII, LIV ; les plaisanteries de Guielin en dégagent l'élément nouveau.

Bref, grâce à une utilisation discrètement parodique de la technique épique (thème du revirement d'un personnage, reprise avec variation) et à un art personnel d'exploiter le comique de situation, le renouveleur anonyme de la *Prise d'Orange* nous a légué un chef-d'œuvre d'humour [38].

IX. Existence d'une rédaction antérieure.

Différents témoignages conduisent à supposer une *Prise d'Orange* perdue, plus ancienne que la nôtre, et permettent d'en reconstituer quelques éléments [39].

Cette version archaïque comprenait un siège de la ville par Tibaut ; en effet :

1° La *Vita sancti Wilhelmi*, écrite vers 1122 par un moine de Gellone qui exploite des chansons de geste [40], rapporte que Guillaume, après avoir enlevé Orange à Tibaut, supporta dans cette ville et pour elle bien des maux : *postea in ea et pro ea multos et longos ab hostibus labores pertulit.*

---

37. Autres exemples : Roland accepte trop tard de sonner du cor et Olivier refuse (*Chanson de Roland*, éd. BÉDIER, v. 1705) ; Tibaut de Bourges décide trop tard d'appeler Guillaume et Vivien n'y consent pas (*Chanson de Guillaume, SATF*, v. 202).

38. Le ton de notre chanson rappelle celui de la chantefable *Aucassin et Nicolette* les deux écrivains, prenant leur distance à l'égard des grands genres, pratiquent une parodie légère qui n'avilit pas le modèle.

39. Tous les documents que nous citons sont connus depuis longtemps.

40. J. BÉDIER, *Légendes épiques*, I, p. 127 et p. 319 ; CLOETTA, *Moniage Guillaume, SATF*, II, p. 32.

2° La *Chanson de la croisade contre les Albigeois* (1213) fait allusion à un siège très dur où Guillaume *suffri tant desturbiers* (éd. P. Meyer, v. 4106) [41].

3° Dans la l. LIV de la *Chanson de Guillaume*, Vivien rappelle les titres qu'il a à la reconnaissance du comte : il a tué sous Orange *Tedbalt l'esturman* [42] ; ce passage qui ne figure pas dans la reprise (éd. *SATF* p. 44), est suspect ; il atteste cependant une tradition de la mort de Tibaut.

4° Dans le *Siège de Barbastre* (*CFMA*, v. 3175-3188 et 3520-3531) il est dit que Bueve a secouru son frère assiégé et sur le point de mourir de faim [43].

5° Les *Nerbonesi* d'Andrea da Barberino (éd. Isola, I, pp. 416-461, 497-518) font état d'un siège de sept ans où les Français souffrirent de la disette et pendant lequel Bertrand alla chercher du secours auprès du roi Louis. Il est possible que l'auteur toscan ait comblé de lui-même la lacune de ses sources ; il est possible aussi qu'il ait recueilli une tradition ancienne [44].

Ce long siège qui a disparu des copies conservées existait-il dans l'archétype *O* ?

Pour J. Bédier notre poème est incomplet [45] ; Mlle Tyssens précise que la partie finale a été amputée au moment de l'assemblage cyclique parce qu'elle contenait des données inconciliables avec le cycle d'*Aliscans* [46]. Mais la façon dont les recueils ont été constitués exclut cette hypothèse : on ne peut croire que les quatre compilateurs différents qui ont soudé la *Prise d'Orange* au cycle d'*Aliscans* aient eu le même réflexe de suppression [47] ; d'ailleurs l'impression de lacune est sensible surtout dans *A* XLII et *C* XLIV qui ont développé à l'excès les allusions à Tibaut (*A* 69 vers, *C* 72 vers contre *D* 13 vers) en y mêlant des souvenirs de l'invasion de Déramé (chef de l'expédition dans *C* 1393). Le responsable de la suppression du siège est le renouveleur *O* de l'ancienne chanson ; il n'a pas repris ce thème par goût personnel [48] ou parce que l'auteur d'*Aliscans* en avait utilisé l'essentiel pour transformer

41. J. Bédier, *Légendes épiques*, I, p. 320.
42. J. Bédier, *Légendes épiques*, I, p. 321.
43. R. Weeks, *Romania*, 1909, pp. 11-12.
44. Sur les *Nerbonesi*, voir p. 38.
J. Bédier repousse le témoignage d'Andrea (p. 321, note 1) ; pourtant il l'admet sur un autre point, p. 322, note 2.
45. *Légendes épiques*, I, p. 320.
46. *La geste de Guillaume...*, p. 433.
47. Voir p. 11.
48. Voir p. 30.

la *Chanson de Guillaume* et expliquer l'intervention de Déramé par le désir de venger Tibaut [49].

Peut-on retrouver d'autres données ?

Le recours au roi, mentionné par Bertrand de Born [50], est confirmé indirectement par la *Chanson de Guillaume* et *Aliscans* ; Louis avait déjà reçu un appel à l'aide avant le désastre de l'Archamp, puisqu'il répond :

Chanson de Guillaume 2531   *A ceste feiz n'i porterai mes piez*
Aliscans 3128   *Je n'i puis mie a ceste fois aler.*

La *Chanson de Guillaume* fournit une autre indication fort curieuse. Dans les v. 2310-2312 Guibourc demande au chevalier désireux d'entrer qu'il lui montre :

> *la bosce sur le nes*
> *Que aveit Willame, le marchiz od le curb nes,*
> *De la bataille reis Tebald l'Escler.*

La rédaction correspondante d'*Aliscans* est révélatrice (v. 1643 et ss.) :

> *Anchois verré la boce sor le nes*
> *Que devant Rome li fist rois Ysorez...*
> *Et une plaie, qui est par de delez,*
> *Qu'en la bataille li fist Tiebauz l'Esclers.*

Elle traduit la gêne d'un copiste devant deux traditions divergentes ; il semble que dans une forme archaïque de la légende le héros ait reçu sa fameuse blessure sur le nez non pas devant Rome, mais dans un combat singulier contre Tibaut [51].

Le renouveleur paraît aussi avoir modifié la tonalité du récit ; attentif au comique de l'aventure plus qu'aux scènes de guerre, il en a adouci la brutalité. Dans le poème primitif Guillaume massacrait les fils de Tibaut, cf. *Moniage Guillaume II*, 3065-3071, *Aliscans*, éd. de Halle, 1050 ss., *Folque de Candie*, 723-724 ; 9474-9482 et, si l'on ajoute foi aux *Nerbonesi*, Orable dans la joie de ses noces jetait du haut d'un balcon un

---

49. A notre sens l'argumentation de WEEKS est très solide au moins en ce qui concerne l'incorporation dans *Aliscans* d'épisodes de l'ancien siège (*Romania*, 1909, pp. 11-12) ; cf. J. FRAPPIER, *Les chansons de geste....*, I, p. 239. « On constate dans *Aliscans* un rappel assez insistant de la primitive *Prise d'Orange*. »

50. Voir J. BÉDIER, *Légendes épiques*, I, p. 320, note 2 et R. WEEKS, *ib.*

51. Dans le *Couronnement de Louis*, *CFMA*, v. 1035-1042, c'est Corsolt qui blesse Guillaume.

petit enfant de son premier mari. Cependant l'hypothèse de Jeanroy qui fait d'Orable une mère dénaturée n'est pas à retenir : les leçons d'*Aliscans* (1048a, 1050 et 1052) relatant que les victimes du comte étaient les fils d'Orable ne sont pas confirmées par le meilleur manuscrit, celui de l'Arsenal[52].

Enfin il est difficile de dissocier la *Prise d'Orange* du *Charroi de Nîmes* ; la légende de la prise de Nîmes était déjà répandue au moment où a été composé le *Codex Calixtinus* ou *Liber sancti Jacobi*, soit entre 1139 et 1145. On lit dans le livre V (*Guide du pèlerin de saint Jacques de Compostelle*) : *Hic urbem Nemausensem, ut fertur, et Aurasicam... subjugavit* [53].

Ainsi nous entrevoyons un récit plus fruste que le renouvellement, lié au *Charroi de Nîmes*, terminé par un siège comprenant un recours au roi et un duel entre les deux rivaux.

X. Date et auteur du renouvellement.

Nous possédons d'une part des manuscrits copiés entre le milieu du XIIIe siècle et le milieu du XIVe siècle, et d'autre part des documents latins de la première moitié du XIIe siècle attestant l'existence d'une rédaction archaïque.

Ces derniers ont été clairement analysés par J. Bédier [54] :

1º La *Vita sancti Wilhelmi* (de 1122 environ) résume une chanson où il est dit que Guillaume s'empara d'Orange que les Sarrasins d'Espagne occupaient avec « leur Tibaut » (*cum suo Theobaldo*).

2º Le moine normand Orderic Vital, au livre VI de son *Historia ecclesiastica*, composée entre 1131 et 1141, écrit de

---

52. Le passage du *Moniage Guillaume* est signalé par CLOETTA, t. II, p. 257 ; J. BÉDIER commente les allusions d'*Aliscans*, de *Folque de Candie* et des *Nerbonesi* dans les *Légendes épiques*, I, pp. 322-326, mais il raisonne comme si chaque interpolation renvoyait à un texte perdu et il ne tient pas suffisamment compte de la tradition manuscrite (voir CLOETTA, *ib.*, p. 258, notes 2, 3 et 4).

53. Le *Codex Calixtinus* ou *Liber sancti Jacobi* est un recueil de pièces destinées à exalter l'apôtre saint Jacques ; le manuscrit le plus ancien est celui de la cathédrale de Compostelle (milieu du XIIe siècle). Il comprend cinq livres dont chacun s'ouvre par un avertissement attribué au pape Calixte II. La date probable de composition du *Codex* est 1139-1145 (cf. M. DEFOURNEAUX, *Les Français en Espagne aux XIe et XIIe siècles*, Paris, 1949, p. 98). Le livre V a été réédité : J. VIELLIARD, *Le guide du pèlerin de saint Jacques de Compostelle. Texte latin du XIIe siècle, édité et traduit en français d'après les mss de Compostelle et de Ripoll*, 3e éd. 1965. Le texte est donné par BÉDIER, *Légendes épiques*, I, p. 146. Voir aussi J. FRAPPIER, *Les chansons de geste...* II, pp. 22-24.

54. *Légendes épiques*, I, p. 127, p. 130, p. 146.

Guillaume « *Vulgo canitur de eo cantilena* » ; cette *cantilena* est peut-être une *Prise d'Orange* [55].

3⁰ Dans le *Guide du pèlerin de saint Jacques de Compostelle* (entre 1139-1145), on rappelle aux pèlerins, afin de les inciter à visiter le tombeau de Guillaume à Gellone, qu'il a enlevé aux Infidèles Nîmes et Orange (Voir chapitre précédent).

Les remaniements *A*, *B*, *C'*, *D* s'insèrent entre ces données.

Les versions *B*, *C'*, *D* ne sont guère antérieures à la date de copie des manuscrits : les réductions d'hiatus dans les subjonctifs imparfaits (*C'* et *D*) n'apparaissent pas avant le milieu du XIIIᵉ siècle ; la contraction régulière de *-iés* en *-iés* de *B*¹ (qui remonte à *B*) indique au plus tôt le dernier tiers du même siècle.

Le remaniement *A* est le plus ancien ; toutefois l'imparfait *voiez* 242 et la prononciation *ian* de *paiens* 1713 invitent à ne pas trop le vieillir. Un indice plus précis est tiré de l'état civil de Guillebert : *O*² a fait du fugitif un parent du duc d'Ardenne (*A* 184, *C* 170) ; *A* 185 dans un alexandrin insolite ajoute l'Artois et le Vermandois aux terres du duc ; cette idée a pu venir à l'esprit d'un remanieur soit lorsque Philippe-Auguste en disputait la possession au comte de Flandre et à ses héritiers, soit au moment où le souvenir de la conquête était encore vivace, c'est-à-dire au début du XIIIᵉ siècle [56].

Quant au renouvellement *O*, s'il résulte du démantèlement du poème primitif sous l'action d'*Aliscans*, il n'est pas antérieur à l'extrême fin du XIIᵉ siècle [57].

L'auteur est anonyme. Ph.-A. Becker lui attribuait un poème à quatre branches constituant une vie épique de Guillaume, formé du *Couronnement de Louis*, du *Charroi de Nîmes*, de la *Prise d'Orange* et du *Moniage Guillaume* [58] ; il n'a pas trouvé d'écho dans la critique.

55. Pour Ph.-A. BECKER, la *cantilena* est un *Couronnement de Louis* (J. BÉDIER, *ib.*, p. 131, note 3) ; pour GUESSARD et MONTAIGLON (*Aliscans*, *AP*, p. XXXII) il s'agit d'*Aliscans* et pour CLOETTA il s'agit d'un *Moniage Guillaume* (éd., t. II, p. 55).

56. L'Artois était une partie du comté de Flandre que Philippe d'Alsace avait constituée en dot à sa nièce Isabelle quand elle avait épousé Philippe-Auguste (1180) ; le Vermandois était le bien de sa femme à lui, Élisabeth.
La femme de Philippe d'Alsace mourut en 1183 ; Philippe-Auguste revendiqua le Vermandois ; la guerre se termina au traité d'Amiens (1186). Le Vermandois fit retour à la sœur d'Élisabeth, Aliénor, et à sa mort revint à la couronne (1213).
Quant à l'Artois, à la mort d'Isabelle (1189) ses droits revenaient à son fils, Philippe d'Alsace mourut en 1191. A ce moment ses héritiers contestèrent au roi tout droit sur l'Artois. La question ne fut réglée qu'aux traités de Péronne (1200) et de Lens (1212) : l'Artois revint à Philippe-Auguste (voir R. FAWTIER, *Les Capétiens et la France*, Paris, 1942, pp. 109 et ss.).

57. Pour la date d'*Aliscans*, voir J. FRAPPIER, *Les chansons de geste...*, I, p. 240.
58. *Das Werden...*, pp. 51-65.

Dans ses premiers travaux [59] il soutenait seulement l'identité d'auteur du *Charroi de Nîmes* et de la *Prise d'Orange* ; hypothèse plus vraisemblable : pour les copistes les deux poèmes sont étroitement liés ; ils ne sont séparés matériellement que dans D et B^1 ; un prologue placé en tête du *Charroi* dans A et C annonce la conquête des deux cités. Ils présentent d'ailleurs dans la versification, le style et les motifs des ressemblances frappantes [60]. Mais il faut faire la part des remanieurs ; Jeanroy repoussait cette identification en s'appuyant sur des contradictions dans les rôles secondaires [61] et M. Rychner a souligné la différence fondamentale de structure strophique : floue dans le *Charroi* et forte dans la *Prise* [62].

XI. Éléments historiques.

Notre chanson n'a pas de fondement historique. Les Sarrasins d'Espagne occupèrent Orange au début du VIIIe siècle et le prototype du héros épique est peut-être Guillaume de Toulouse, qui s'illustra du temps de Charlemagne en repoussant leurs incursions ; mais le comte de Toulouse n'a jamais libéré Orange [63]. Le poème est une œuvre d'imagination qui développe une fiction d'origine orientale, les amours d'un chevalier [64] et d'une païenne, et utilise le souvenir de l'invasion musulmane en Septimanie.

Si la légende de Guillaume s'est cristallisée autour d'Orange, c'est à cause de la richesse de cette ville en souvenirs romains, car « les abris préférés de nos légendes furent les ruines romaines » [65]. Les arènes de Bordeaux et celles de Poitiers, les arènes ou le théâtre de Nîmes, d'Arles sont devenus des châteaux sarrasins. Orange se prêtait facilement à la fermentation épique : les envahisseurs avaient transformé le théâtre en forteresse et les remparts médiévaux englobaient dans leur enceinte l'arc de triomphe ou « Tour de l'arc », l'amphithéâtre, les

---

59. *Die altfranzösische Wilhelmsage und ihre Beziehung zu Wilhelm dem Heiligen* Halle, 1896, p. 30.

60. JEANROY, *Romania*, 1897, p. 3, note 4 ; CURTIUS, *Z. Rom. Phil.*, 1944, pp. 296-299. La tonalité générale est semblable ; le comique exploite les mêmes thèmes: neveu taquin (*Charroi, CFMA*, v. 606), chevaliers travestis.

61. *Romania*, 1897, pp. 1-4.

62. *La chanson de geste...*, p. 107, p. 110, p. 138.

63. CLOETTA, *Moniage Guillaume, SATF*, II, pp. 116-130.

64. F. M. WARREN, *The Enamoured Moslem Princess in Orderic Vital and the French Epic*, PMLA., 1914, p. 350.

65. J. BÉDIER, *Romania*, 1912, p. 14.

thermes ou « Tour ronde ». D'après l'historien La Pise [66], on voyait encore en 1621 la tour des thermes soutenue par des arcs de pierre de taille et, à proximité, « *les longues crotes voutees* » par où le grand aqueduc déversait ses eaux dans les « *bains antiqs* ». C'est là l'origine du souterrain (*la croute A* 1781) qui aboutit à trois piliers en arcades (*A* 1450).

Quant au nom de Tibaut, il est français, comme d'autres, Champion ou Brehier, l'onomastique des chansons de geste étant en partie puisée à des sources indigènes [67] ; le choix des autres noms est guidé par un souci d'allitération plus que de vérité historique : Guillelme, Guïelin, Guillebert ; Guillelme, Guibourc, Guimer ; Orable, Orenge.

XII. Le roman en prose et les nerbonesi.

§ 1. *Le Roman en prose.*

La *Prise d'Orange* a été utilisée avec d'autres poèmes du cycle par l'auteur du *Roman* en prose de Guillaume d'Orange composé au XVe siècle [68].

Le *Roman* est conservé par deux manuscrits :

A : B. N., fr. 1497, a appartenu à Jacques d'Armagnac, duc de Nemours, décapité en 1477 ; le manuscrit date de 1465 environ.

B : B. N., fr. 796, plus récent (règne de Louis XII), copié sur le précédent avec des corrections erronées.

La partie qui correspond à la *Prise d'Orange* est éditée dans C. Weber, *Die Prosafassungen des « Couronnement de Louis », des « Charroi de Nîmes » und der « Prise d'Orange »* ; diss. de Halle, 1912 (reproduit *A* et donne *B* en notes).

Le prosateur aurait eu sous les yeux un manuscrit cyclique

---

66. J. DE LA PISE, *Tableau de l'histoire des princes et principauté d'Orange*, La Haye, 1640, p. 34.

67. J. BÉDIER, *Chanson de Roland commentée*, pp. 299-300. Nous devons toutefois signaler la construction de H. Grégoire qui voit dans le nom de *Tibaut* (*Theobaldus* l'adaptation du nom du roi des Teutons *Teutobochus*, qui était gravé sur l'arc de triomphe d'Orange (*Les monuments inspirateurs. Comment Guillaume de Toulouse devint Guillaume d'Orange. Provence historique*, I, 1950, pp. 32-44).

68. L. DEMAISON, *Aymeri de Narbonne*, *SATF*, I, p. CCXLVIII ; H. SUCHIER, *Les Narbonnais*, *SATF*, II, p. XXIV ; CLOETTA, *Moniage Guillaume SATF*, II, p. 191 ; P. HENRY, *Enfances Guillaume*, *SATF*, p. XXXVIII ; G. DOUTREPONT, *Les mises en prose des épopées et des romans chevaleresques du XIVe au XVIe siècle (Mém. Acad. roy. de Belgique, Cl. de lettres*, XL), p. 120 ; B. WOLEDGE, *Bibliographie des romans et nouvelles en prose française antérieurs à 1500*, Genève-Lille, 1954, pp. 53-55.

perdu et des copies d'épopées isolées. Rien n'indique qu'il ait disposé d'une version plus ancienne que notre texte.

§ 2. *I Nerbonesi.*

Vers 1410 l'écrivain italien Andrea de' Magnabotti, né à Barberino di Val d'Elsa, près de Florence, composa le roman en prose *I Nerbonesi* [69] en combinant plusieurs chansons de geste françaises pour constituer une histoire complète d'Aymeri et de Guillaume. Comme il a utilisé ses sources avec la plus grande liberté, il est difficile de disjoindre ses inventions des traditions anciennes qu'il a pu connaître.

XIII. Bibliographie.

§ 1. *Éditions antérieures.*

Guillaume d'Orange, Chansons de geste des XIe *et* XIIe *siècles, publiées pour la première fois...* par W. J. A. Jonckbloet, 2 tomes en un volume, La Haye, 1854. (Édition de A^1 avec les variantes les plus importantes de A^3 ; les fautes de lecture sont peu nombreuses, mais une déclinaison arbitraire a été introduite dans le texte).

La Prise d'Orenge, according to ms. A^1, Bibliothèque Nationale Française 774, including excerpts, published for the first time, from mss. B^1, C, D, and E, and variants from mss. A^2, A^3, A^4 and B^2 ; with Introduction, Table of Assonances, Glossary and Table of Proper Names by Blanche Katz, New York, King's Crown Press, 1947. (La transcription de A^1 est satisfaisante).

C. Régnier, *Les rédactions en vers de la « Prise d'Orange »*, Paris, Klincksieck, 1966. (Édition intégrale des trois rédactions).

A. Fichtner, *Studien über die « Prise d'Orange » und Prüfung von Weeks « Origin of the Covenant Vivien »* ; diss. Halle, 1905. (Édition des 651 derniers vers de E que l'éditeur croit particuliers à ce manuscrit ; la rallonge se limite en réalité à 341 vers, œuvre d'un copiste tardif).

C. Weber, *Die Prosafassungen des « Couronnement de Louis »*,

---

69. Édition I. G. Isola, sous le titre faux *Storie Nerbonesi*, Bologne, I, 1877 ; II, 1887. Analyse dans L. Gautier, *Épopées françaises*, IV, 2e éd., pp. 34-44. Consulter Cloetta, *Moniage Guillaume*, t. II, p. 189 et p. 256, note 1.

des « *Charroi de Nîmes* » *und der* « *Prise d'Orange* », diss. Halle, 1912. (Édition de la version en prose.)

§ 2. *Études*.

J. Bédier, *Les légendes épiques, recherches sur la formation des chansons de geste*, t. 1, *Le cycle de Guillaume d'Orange*, 3ᵉ éd., 1926 (En particulier pp. 78-80, 315-326).

Ch. Brucker, *L'adjectif qualificatif dans les chansons de geste du XIIᵉ siècle : la* « *Prise d'Orange* », dans *Mélanges Lanly*, pp. 37-49.

A. Colby-Hall, *Orange et Arles : Un royaume pour deux Guillaumes*, dans *Bulletin des Amis d'Orange*, 22, 1981, pp. 13-19.

L. S. Crist, *Remarques sur la structure de la chanson de geste* « *Charroi de Nîmes — Prise d'Orange* », dans *Charlemagne et l'épopée romane*, Liège, 1978, pp. 359-372.

J. Dufournet, *La métamorphose d'un héros épique ou Guillaume Fierebrace dans les rédactions A et B de la* « *Prise d'Orange* », dans *Revue des langues romanes*, 78, 1968, pp. 17-51.

J. Frappier, *Les chansons de geste du cycle de Guillaume d'Orange*, t. II, *Le Couronnement de Louis, Le Charroi de Nîmes, La Prise d'Orange*, 2ᵉ éd., 1967.

M. Grunmann-Gaudet, *From Epic to Romance: the Paralysis of the Hero in the* « *Prise d'Orange* », dans *Olifant*, 7, 1979, pp. 21-38.

E. A. Heinemann, *Some Reflections on the laisse and on Echo in the Three Versions of the* « *Prise d'Orange* », dans *Olifant*, 3, 1975, pp. 36-56.

D. G. Hoggan, *La formation du noyau cyclique :* « *Couronnement de Louis* », « *Charroi de Nîmes* », « *Prise d'Orange* » (Communication au Congrès d'Oxford, résumé dans *Bulletin bibliographique de la Société Rencesvals*, 6, pp. 145-146).

D. G. Hoggan, *L'isotope C 38 dans la composition des poèmes du cycle de Guillaume*, dans *Actes du VIᵉ Congrès international de la Société Rencesvals*, Aix, 1973, pp. 563-582.

W. W. Kibler, *Humor in the* « *Prise d'Orange* » *dans Studi di letteratura francese*, 3, 1974, *Biblioteca dell'Archivum Romanicum*, Vol. 123, pp. 5-25.

Ch. A. Knudson, *Le thème de la princesse sarrasine dans la* « *Prise d'Orange* », dans *Rom. Phil.*, 22, 1969, pp. 449-462.

D. McMillan, *Notes sur quelques clichés formulaires dans les chansons de geste de Guillaume d'Orange*, dans *Mélanges Delbouille*, t. II, pp. 477-493.

J. Rychner, *La chanson de geste, essai sur l'art épique des jongleurs*, Genève, Droz - Lille, Giard, 1955.

B. D. Schurfranz, *Strophic Structure versus Alternative Divisions in the « Prise d'Orange » ; Laisses versus Similar and Parallel Scenes and the « reprise bifurquée »* dans *Romance Philology*, 33, 1979, pp. 247-264.

G. Tuaillon, *L'emploi de la déclinaison dans la « Prise d'Orange »* dans *TraLiLi*, 16, 1978, pp. 501-518.

M. Tyssens, *La geste de Guillaume d'Orange dans les manuscrits cycliques* (Bibl. de la Fac. de Phil. et Lettres de l'Univ. de Liège, t. 178, 1967).

Nous remercions les auteurs des comptes rendus : pour *Les rédactions en vers...*, R. Arveiller, *Le Français Moderne*, 36, 1968, p. 347 ; G. Di Stefano, *Studi Francesi*, 13, 1969, pp. 522-523 ; J. Ch. Payen, *Moyen Age*, 76, 1970, pp. 323-330 ; D. McMillan, *Romania*, 94, 1973, pp. 117-139 ; pour *La Prise d'Orange*, S. J. Borg, *French Review*, 41, 1968, pp. 723-724 ; F. Koenig, *Romance Philology*, 22, 1968, pp. 256-257 ; F. Beggiato, *Cultura Neolatina*, 34, 1974, p. 157.

§ 3. Traductions.

La Prise d'Orange, Chanson de geste de la fin du XIIᵉ siècle, traduite et annotée d'après l'édition de Claude Régnier par Claude Lachet et Jean-Pierre Tusseau, 3ᵉ éd., 1979.

G. Price (éd.), *William, Count of Orange: Four old French Epics...*, *translated by* G. Price, L. Muir, D. Hoggan, Londres, 1975 (pp. 91-129, traduction de la « Prise d'Orange » par L. Muir, sous le titre *The Capture of Orange*).

Le 29 janvier 1983 une thèse de doctorat de 3ᵉ cycle a été soutenue à l'Université de Paris III par Claude Lachet sur le sujet suivant : *La « Prise d'Orange » : une épopée pour rire ? Étude littéraire des rédactions en vers de la « Prise d'Orange »*. Cette thèse sera publiée sous une forme abrégée sous le titre : « *La Prise d'Orange » ou la parodie courtoise d'une épopée*.

RÉDACTION AB

Rappel des sigles.

A^1 = Paris, B. N., fr. 774. *Manuscrit de base*

A^2 = Paris, B. N., fr. 1449.

A^3 = Paris, B. N., fr. 368.

A^4 = Milan, Bibliothèque Trivulzienne, 1025.

B^1 = Londres, Musée Britannique, Royal 20 D XI

B^2 = Paris, B. N., fr. 24369-24370, t. 1.

L'apparat critique est disposé en pied de page sur trois alinéas Le premier donne toutes les leçons rejetées du manuscrit de base, y compris les plus insignifiantes, accompagnées le cas échéant de la mention des manuscrits en accord avec lui et de la mention des manuscrits qui ont fourni la correction ; nous y avons joint des indications destinées à assurer une lecture exacte des chiffres romains. Le deuxième alinéa donne la *varia lectio* de la famille A et le troisième, la *varia lectio* de la famille B.

Les variantes sont énumérées dans l'ordre de leur apparition. Elles sont encadrées par les mots qui les délimitent, ceux-ci étant désignés par leur initiale ; le premier mot du vers a reçu une majuscule.

Varia lectio A.

Pour la famille A, les variantes d'un même passage sont séparées par le sigle du manuscrit ; celles qui se rapportent à des sections différentes, par un point-virgule. La graphie est celle du manuscrit dont le sigle est indiqué en premier lieu.

Varia lectio B.

Plusieurs cas sont à considérer.

1° Une seule variante commune à $B^1 B^2$ affecte le vers entier ou une partie du vers : elle est consignée sans aucun sigle sous la graphie de B^1 ; cf. v. 17, 111, 135.

2° Les écarts de B^2 par rapport à B^1 sont indiqués entre parenthèses de la manière suivante : si la variante de B^2 porte sur un seul mot, elle suit immédiatement ce mot ; si elle porte sur plusieurs mots, elle est rejetée après la leçon de B^1. Par exemple v. 127 *Icis (Celui) d. t. n. et plus = Icis dira tiex noveles et plus* B^1, *Celui dira*

tiex noveles et plus B^2 ; v. 367 *Nel laisserai por nule rienz souz ciel*
(*p. riens qui soit s.*) = *Nel laisserai por nule rienz souz ciel* B^1, *Nel
laisserai por rien qui soit souz ciel* B^2.

3° Un seul des deux manuscrits présente une variante : elle est
accompagnée du sigle du manuscrit ; cf. 94, 109.

4° Le même vers offre deux variantes, l'une commune à B^1B^2,
l'autre particulière à un manuscrit : nous avons combiné les présen-
tations 1 et 3 ; cf. v. 38. Lorsque la variante commune est la première, nous l'avons fait suivre de la mention B^1B^2 afin de prévenir
les confusions ; cf. v. 418, 467, 477.

Choix des variantes.

Sont éliminées les variantes graphiques : *aparu-apparu, jeuné-
geuné, malmise-maumise* ; les variantes dialectales : *brisiee-brisie,
heaume-hiaume, vodrai-vorrai* ; les variantes morphologiques banales : fautes contre la déclinaison, divergences dans les terminaisons verbales (*serez-seroiz, eüssons-eüssiens*), variations de suffixe
(*servise-service*) ; nous n'avons pas retenu non plus les nombreux
cas où A^4 pratique l'élision sans tenir compte du nombre des syllabes.

Par exception les variantes graphiques ont été maintenues lorsqu'elles éclairent A^1 : *chanel* 41, *baillerai* 1156, *estroit* 1478, *viez*
1519 ; pour le même motif nous avons consigné tous les cas où les
concurrents de A^1 ont une déclinaison plus correcte.

Abréviations.

aj. = ajoute(nt), *corr.* = correxi, *rempl.* = remplacé(s), *v.* =
vers.

Oëz, seignor, que Dex vos beneïe,   (41d)
Li glorïeus, li filz sainte Marie,
Bone chançon que ge vos vorrai dire !
Ceste n'est mie d'orgueill ne de folie,   4
Ne de mençonge estrete ne emprise,
Mes de preudomes qui Espaigne conquistrent.
Icil le sevent qui en vont a Saint Gile,
Qui les ensaignes en ont veü a Bride :   8
L'escu Guillelme et la targe florie,
Et le Bertran, son neveu, le nobile.
Ge ne cuit mie que ja clers m'en desdie
Ne escripture qu'en ait trové en livre.   12
Tuit ont chanté de la cité de Nyme :
Guillelmes l'a en la seue baillie,
Les murs hautains et les sales perrines
Et le palés et les chasteleries ;   16
Et Dex ! Orenge nen ot encore mie.
Pou est des homes qui verité en die,
Mes g'en dirai, que de loing l'ai aprise,
Si com Orenge fu brisiee et malmise ;   20
Ce fist Guillelmes a la chiere hardie,
Qui en gita les paiens d'Aumarie

Dans les quatre mss A et dans B² la Prise d'Orange *n'est pas séparée matériellement du* Charroi de Nîmes. *Dans B¹, une rubrique* Comment Guill. oy nouveles d'Orenge | et comment il la prist et par quel engin *puis une miniature : elle représente Guillaume et ses compagnons aux portes d'Orange ; on voit Orable par une fenêtre de la tour.*

A 5 n. esprise A^2 n. enplie A^3 — 6 E. aquistrent A^3 — 7 l. set q. e. vet a A^4 — 10 E. la B. $A^2A^3A^4$ — 13 Tant A^4 — 16 E. les p. A^3A^4 — 21 C. est G. A^3

B 3 c. et le (de) grant seignorie — 4 Ele n'e. — 5 *omis* — 6 M. des p. B^1 — 9 t. voltie — 11 clerc B^1 ; me deïssent — 12 t. en bible — 14 l'ot e. — 15 la sale perrine — 16 la chastelerie — 17 Mes que Orenge n'ot il e. m. — 18 e. de gent q. — 19 d. qui d. — 21 *rempl. par* Si (Et) com G. l'ot gaaignie et prise Li vaillanz quens que Jhesus beneïe — 22 Il e.

Et ceus d'Eüsce et celz de Pincernie,
Ceus de Baudas et ceus de Tabarie ;   24
Prist a moillier Orable la roïne ;
Cele fu nee de la gent paienie
Et si fu feme le roi Tiebaut d'Aufrique,
Puis crut en Deu, le filz sainte Marie,   28
Et estora moustiers et abaïes.
De ceus est poi qui ceste vos deïssent.

II

Oëz, seignor, franc chevalier honeste !
Plest vos oïr chançon de bone geste :   (42a)
Si comme Orenge brisa li cuens Guillelmes ?
Prist a moillier dame Orable la saige ;
Cele fu feme le roi Tiebaut de Perse ;
Ainz qu'il l'eüst a ses amors atrete,   36
En ot por voir mainte paine sofferte,
Maint jor jeuné et veillié mainte vespre.

III

Ce fu en mai el novel tens d'esté ;
Florissent bois et verdissent cil pré,   40
Ces douces eves retraient en canel,
Cil oisel chantent doucement et soëf.
Li cuens Guillelmes s'est par matin levez,
Au moustier vet le servise escouter,   44

33 l. cuen G. *corr. d'après* $A^2A^3A^4$

A   23 de Susce A^2A^3 de Çucre A^4 — 28 l. fil s. A^3 — 30 q. ce v. A^4 —
37 v. painte p. A^4 — 40 b. reverdissent c. A^3 — 41 chanel A^2A^3
A^4 — 43 s'e. parti l. A^4

B   23-24 *omis* — 25 Si comme il prist O. — 30 Tele conversse n'ot puis
en ceste vie — 31 O. s. por Dieu le roi celestre — 33-34 *rempl.*
par Si com Orable gerpi la loi averse Et com Guill. prist a moullier
la bele — 36 Ainz que li quens l'eüst a soi atraite — 38 Tant j. j.
B^1 ; j. si en veilla maint v. — 39 m. que raverdissent prez —
40 Fueillissent b. e. chantent oisel cler — 42 *omis*

Puis s'en issi quant il fu definez
Et monta el palés Otran le deffaé,
Qu'il ot conquis par sa ruiste fierté.
A granz fenestres s'est alez acouter ;   48
Il regarda contreval le regné,
Voit l'erbe fresche et les rosiers plantez,
La mauviz ot et le melle chanter.
Lors li remembre de grant joliveté   52
Que il soloit en France demener ;
Bertran apele : « Sire niés, ça venez.
De France issimes par mout grant povreté,
N'en amenames harpeor ne jugler   56
Ne damoisele por noz cors deporter.
Assez avons bons destriers sejornez
Et buens hauberz et bons elmes dorez,
Tranchanz espees et bons escuz boclez   60
Et buens espiez dont li fer sont quarrez
Et pain et vin et char salee et blez ;
Et Dex confonde Sarrazins et Esclers,
Qui tant nos lessent dormir et reposer,   64
Quant par efforz n'ont passee la mer
Si que chascuns s'i peüst esprover !
Que trop m'enuist ici a sejorner ;
Ensement somes ça dedenz enserré   68
Comme li hom qui est enprisonné. »
De grant folie s'est ore dementez :
Ja ainz n'iert vespre ne soleill esconsez
Que il orra une novele tel   (42b)
Dont il iert mout corrocié et iré.

A 48 As g. A^2A^3 Au A^4; a. acoster A^2 — 50 Vit l. $A^2A^3A^4$ —
56 N'en amenai A^3 — 59 E. bons h. $A^2A^3A^4$ — 61 E. bons e.
$A^2A^3A^4$; quarré A^4 — 65 la *omis* A^4 — 67 me nuist i. A^2 m'en
nuist A^3 — 73 corrociez A^3

B 46 Sus ou p. O. l. desraé — 48 As g. f. s'e. li quens acoutez —
50 Vit l'e. vert e. des r. plenté — 51 Et l'orïeul e. — 52 Or
(Dont) l. — 55 g. foleté — 57 *omis* B^2 — 58 d. a plenté — 59-
61 *rempl. par* Et bons haubers et bons escuz listez Bones espees
dont li poing sont doré — 62 e. blé — 65 n' *omis* B^1 — 66 se p.
— 67 Car mout m'anoie (m'ennuie) ici a demourer — 68 En mue
s. ci d. — 70 s'e. li quens d. — 71 solaux B^1 — 72 unes nouveles tez — 73 D. il sera corrociez et irez.

IV

Or fu Guillelmes as fenestres au vent
Et de François tiex .LX. en estant
N'i a celui n'ait fres hermine blanc,　　　　　　　　76
Chauces de soie, sollers de cordoan ;
Li plusor tienent lor fauconceaus au vent.
Li cuens Guillelmes ot mout le cuer joiant ;
Regarde aval par mi un desrubant ;　　　　　　　80
Voit l'erbe vert, le rosier florissant
Et l'orïol et le melle chantant.
Il en apele Guïelin et Bertran,
Ses .II. neveus que il pot amer tant :　　　　　　84
« Entendez moi, franc chevalier vaillant.
De France issimes il n'a mie lonc tens ;
S'eüssons ore .M. puceles ceanz,
De ceus de France, as genz cors avenanz,　　　　88
Si s'i alassent cist baron deportant
Et ge meïsmes alasse donoiant,
Icele chose me venist a talant.
Assez avons beaus destriers auferranz　　　　　92
Et bons hauberz et bons elmes luisanz,
Tranchanz espiez et bons escuz pesanz,
Bones espees dont li heut sont d'argent
Et pain et vin, char salee et froment ;　　　　　96
Et Dex confonde Sarrazins et Persant,
Quant mer ne passent par lor efforcement !
Des or m'anuie le sejorner ceanz,
Quant ge ne puis prover mon hardement. »　　　100
De grant folie se vet or dementant :

A　75 E. des F. $A^2A^3A^4$ — 78 f. volant A^2A^4 l. faucons reaus volant A^3 — 88 F. au gent c. a. A^3 F. au gent c. avenant A^4 — 89 a. cil b. A^3A^4 — 99 o. n'ainme l. A^4

B　75 E. des F. t. .XL. e. — 76 N'i c ot c. — 77 d. paile s. — 78 L. p. vont l. f. tenant — 79 Li bers G. si s'ala retornant — 80 a. de lez u. — 81 v. et le rosier (les rosiers) flairant — 84 i. par aime t. — 86 m. graument — 88 F. qui ont c. avenant — 92 a. bons d. — 94 T. espees B^2 — 95 li poing s. B^1 ; Et bons espiez dont li fer sont trenchant B^2 — 97 Perssanz B^1 — 98 n. p. a l'oré et au vent — 99 li sejorners B^1 — 100 *omis* — 101 v. aporpenssant

Ja ainz n'iert vespre ne le soleil cochant
Que il orra une novele grant
Dont mout sera corrocié et dolant. 104

V

Or fu Guillelmes as fenestres del mur,
Et des François ot o lui .c. et plus,
N'i a celui n'ait hermine vestu.
Regarde aval si com li Rones bruit, 108
Vers orïent si com le chemin fu ;
Vit un chetif qui est de l'eve issu :
C'est Gillebert de la cit de Lenu.
Pris fu el Rosne sor un pont a un hu ; (42c)
Dedenz Orenge l'en menerent li Tur.
.III. anz l'i ont et gardé et tenu,
Trusqu'a un main que jor fu aparu
Qu'a Deu plot bien que il en fu issu. 116
Uns Sarrazins le deslia par lui,
Puis l'a forment ledengié et batu.
Au ber en poise que tant i ot geü ;
Par le toupet l'a sesi, sel tret jus, 120
De son gros poing l'a si el col feru
Que il li brise et l'eschine et le bu,
Que a ses piez l'a jus mort abatu.
Par la fenestre s'en avale ça jus ; 124

A 106 E. de F. A^2 ; .c. o p. A^3 — 111 C'ert G. A^4 ; c. de Leün A^2 de
Nelu A^4 — 112 ou Cosme sus A^4 — 113 O. le m. A^3 — 115 Jusqu'a A^4 — 118 l. abatu A^4 — 123 l'a mort jus a. A^4

B 102 Ainz que soit v. et l. B^2 — 103 C' (*omis*) unes nouveles orra il
mout pesanz — 104 D. il s. courrouciez et dolanz — 105 f. des
murs — 106 F. tiex .IIII.XX. ou plus — 109 li chemins B^1 — 110
q. de l'yaue est issus — 111 C'est Gillebers qui quens de Laon fu
— 112 f. u regne de paiens mescreüz — 113 O. le m. — 115
Jusqu'a B^1B^2 ; jorz B^1 — 116 Qu'il plot a Dieu q. B^1B^2 ; issuz
B^1 — 117-124 *rempl. par* 11 *vers* Uns Sarr. de Dieu soit
confonduz Forment l'avoit laidengié et batu Au ber en poise
que trop i ot estu Trop longuement i avoit il geü Li ber saisi le
paien mescreü Par le toupet le prist sel traist a lui Li bers li a tel
de son poing feru (Le ber l'a si de son fort p. feru) Le haterel li a
tout desrompu Et a ses piez l'a il (tout) mort abatu Par les fenestres
en fust li bers issuz (f. fu Guillebers issu) Delez le mur s'en
avala il jus

Puis ne pot estre ne bailliez ne tenuz ;
Desi a Nymes ne s'est aresteüz.
Icil dira tiex noveles encui
A noz barons qui parolent de bruit   128
Que plus torra Guillelmë a anui
Que a deduit de dames nu a nu.

VI

Or fu Guillelmes as fenestres le ber ;
Et li chetis ot le Rosne passé,   132
Monte les tertres, s'a les vaux avalé,
Desi a Nymes ne s'i est aresté.
Par la porte entre en la bone cité ;
Trueve Guillelme desoz le pin ramé,   136
En sa compaigne maint chevalier menbré.
Desoz le pin lor chantoit uns jugler
Vielle chançon de grant antiquité ;
Mout par fu bone, au conte vint a gré.   140
Et Gillebert en monte le degré ;
Voit le Guillelmes, sel prist a regarder ;
Il le vit noir, taint et descoloré,
Et megre et pale, velu et descharné ;   144
Cuida que fust Sarrazin ou Escler
Qui par efforz eüst passee mer
Por ses noveles noncier et escouter,
Quant li chetis le prent a salüer :   148
« Cil Damedex qui fist et vin et blé,
Del ciel nos done et lumiere et clarté,

129 Q. puis t. A^1A^2 corr. d'après A^3A^4

A 132 le role p. A^4 — 134 arestez A^3 — 136 d. un p. A^2 — 138 d.
un p. $A^2A^3A^4$ — 144 Et *omis* A^3 ; p. venu A^4

B 126 Si ques a B^2 — 127 Icis (Celui) d. t. n. et plus — 128 q. par-
loient d. — 129 Que tornera G. a grant anui — 130 Ne li tendra de
dame nu a nu — 131 li ber B^1 — 132 l. regne p. B^2 — 133 M. le
puy s'a le val a. — 134 Tresques B^2 ; arrestez B^1 — 135 e. de l.
— 136 d. un p. — 139 Vielles chançons — 140 Mout furent bones
a. — 141 Et Gillebers en monta (G. amonta) les degrez — 142
s. prent a — 143 Il le voit n. t. et desmesuré (e. mal coulouré) —
144 et escharné — 145 qu'il f. — 147 n. anoncier et conter — 148
Cis voit le conte si le vait salüer (Lors les a bien le marchis salüez)
— 149 Cis Diex qui fist et la terre et la mer (Cil Dieu de gloire
qui fist et terre et mer) — 150 Et en aprez et le pain (vin) et le blé

Et home et feme fet aler et parler,
Il saut Guillelme le marchis au cort nes, (42*d*)
La flor de France et le noble barné,
Les poingneors que ci voi assenblé !
— Amis, beau frere, toi beneïe Dé !
Mes or nos dites, gardez nel me celez, 156
Icest Guillelme qui t'aprist a nommer ?
— Sire, dist il, ja orroiz verité :
Dedenz Orenge ou ai grant piece esté ;
Ainz ne lor poi par efforz eschaper 160
Trusqu'a un main que il fu ajorné
Qu'a Jhesu plot que je fui delivré. »
Et dist Guillelmes : « Dex en soit aoré !
Mes or me di, garde ne me celer, 164
Comment as non et de quel terre es nez ?
— Sire, dist il, ja orroiz verité ;
Mes je sui mout traveilliez et penez
De nuiz veillier et de jorz jeüner, 168
Ge ne menjai .IIII. jorz a passez. »
Et dist Guillelmes : « Tu en avras assez. »
Son chambellenc a li cuens apelé :
« Aporte li a mengier a planté 172
Et pain et vin et piment et claré,
Grües et jantes et poons en pevré. »
Et cil si fist, quant i l'ot commandé.
Quant il se fu richement conraé, 176

166 veritez *corr. d'après* $A^2A^3A^4B^1B^2$ *et* 158

A 151 e. par mer A^4 — 155 Dex A^3 — 156 o. me d. A^2 o. n. di A^1 ; m. celer A^3 gardes toi du celer A^4 — 157 a noner A^4 — 160 par force e. A^4 — 161 Jusqu'a A^4 — 175 il l'ot A^2A^3

B 151 f. oïr e. — 152 Il gart G. — 153 e. l. riche b. — 154 q. voici assemblez — 155 biax B^1 ; Dez B^1 — 156 o. me d. B^1B^2 ; g. ne m. B^1 — 157 Icel G. — 158 Sire Guill. B^1 ; j'en ai oï parler — 159 o. j'ai — *Après* 159 *aj.* En la prison longuement sejorné — 160 Onques n'en poi par force estre eschapez — 161 Jusqu'a hui m. — 162 p. le roi de majesté — 163 aourez B^1 — 164 Comment as non g. ne (nel) m. c. — 165 De quel païs et de quel terre iés nez — 172 Aportez l. — 173 v. e. char cuite et pastez (v. e. char et bon pasté) — 174 Tant que il soit mout tres bien saoulez — 175 q. il l'ot c. (q. li fu c.) — 176 Q. cis (cil) ; conraez B^1

As piez le conte s'asist tot de son gré,
Si li commence noveles a conter.

VII

Guillelmes vit le mesagier estrange ;
Il l'en apele et puis si li demande :   180
« Dom es tu nez, amis, et de quel regne ?
Comment as non et ou estas en France ? »
Dist Gilleberz, qui fu de grant vaillance :
« Filz sui Guion, le duc qui tint Ardane,   184
Artois et Vermendois ot il en sa poissance.
Par la Borgoigne venoie d'Alemaigne,
Si m'en alai par l'eve de Losanne.
Uns venz me prist et une grant tormente,   188
Si me mena au port par devant Gene ;
Paiens me pristrent a Lïons sor le Rosne,
Si m'en menerent au port desoz Orenge.
Tel forteresce n'a trusqu'au flun Jordane,   (43a)
Hauz sont les murs et la tor grant et ample,
Et le palés et les reconoissances.
La dedenz a .xx.m. paiens a lances
Et .vii.xx. Turs qui ont chieres ensaignes,   196
Qui mout bien gardent cele cité d'Orenge,
Que mout redoutent Looÿs ne la praigne
Et vos, beau sire, et les barons de France ;

195 *lire* mil. — 196 *lire* E. set vinz T. — *Au bas de* 42d tel forteresce *comme réclame.*

A   184 s. le duc Guion q. *A⁴* — 189 m'en m. *A²A³* — 190 Paien
A²A³A⁴ ; au Lïon *A²* ; L. sus l. *A⁴* — 191 me m. *A⁴* ; desus O. *A⁴*
— 192 jusqu'au *A³A⁴*, f. Ordane *A⁴* — 193 Haut sont li mur
A³A⁴ — 195 Et la d. *A⁴* — 198 r. rois Looys *A³*

B   177 Au pié le c. s'assiet — 182 n. fus tu onques e. — 183 Guillebers dist q. *B²* — 184 s. Garin — 185 Et Vermendois qui est
par dela France — 187 e. aloie tot l'yaue d. — 188-189 *omis* —
190 Paien *B¹* ; p. la pute gent grifaigne — 191 a port — 192 n'a
jusques (si ques) a Flourence — 193 Les tors sont hautes et li mur
g. — 194 li p. — 196 E. vii.c. T. ; c. grifaignes — 198 Mes
m. r. Loëys ne les prenge — 199 Ou v. b. s. au barnage
de F.

Et Arragons, uns riches rois aufaigne,   200
Filz est Tiebaut de la terre d'Espaigne ;
Et dame Orable, une roïne gente,
Il n'a si bele desi en Oriënte,
Bel a le cors, eschevie est et gente,   204
Blanche la char comme la flor en l'ente.
Dex ! mar i fu ses cors et sa jovente,
Quant Dex ne croit, le pere omnipotente !
— Voir, dit Guillelmes, mout est de grant pois-
                                                sance ;   208
Mes, par celui en cui j'ai ma fiance,
Or ne quier mes porter escu ne lance
Se ge par tens n'i port ma connoissance. »

VIII

Li cuens Guillelmes entendi le baron ;   212
Dejoste lui s'asist sor un perron,
Il l'en apele, si li dist par amor :
« Amis, beaus frere, mout as bone reson ;
Te tindrent onques Sarrazin en prison ?   216
— Oïl voir, sire, .iii. anz et .xv. jorz,
Que ne m'en poi eschaper par estor,
Trusqu'a un main que Dex dona le jor
C'uns Sarrazins felon et orgueillox   220
Me voloit batre com fesoit chascun jor ;
Et gel sesi par le toupet del front,
Tel li donai sor le col de mon poing

221 chas9.

A 200 r. aufage A^3 — 204 c. et chevie e. A^4 — 205 la *omis* devant flor A^4 — 207 Deu A^2 Dieu A^3A^4 — 213 a. sus u. A^4 — 216 Te mistrent o. A^4 — 218 me p. A^2 ; e. por e. A^3 — 223 d. sus l. A^4

B 200 Et d'Arragone i est li rois grifaignes — 203 b. ou roiaume de France — 204 Est la dedenz en sa mestre tour grande — 205 B. a l. ; f. de l'ente — 207 *rempl. par* Quant el ne croit la roÿne des angles Et Jhesu Crist le pere esperitable — 208 V. dist G. ; g. vaillance — 209 a cui B^1 ; ma creance — 210 Je n. — 211 Se n'ai la dame qui tant est bele et gente — 213 l. l'a. B^2 ; a. sus u. — 214 Si li a dit sanz point d'arrestison — 216 t. gaires S. — 218 n. lor p. — 219 Fors un matin que (quant) D. — 220 felons B^1 — 221 b. et f. B^1 — 222 p. les cheveux d. f. (c. amont) — 223 d. du poing par saint Symon

L'os de la gueule li esmiai trestot.   224
Par la fenestre m'en eschapai tot sol
C'onques ne fu perceüz de nul d'ous.
Ving a Beaucaire, au port soz Oriflor...   227
Tur et Persant et li rois d'Arragon,   229
Li ainznez filz a Tiebaut l'Esclavon ;
Granz est et gros et parcreüz et lons,
Lee la teste et enbarré le front   232
Et granz les ongles et agües en son ;   (43*b*)
N'a tel tirant soz la chape del mont,
Noz crestïens nos ocit et confont.
Qui avroit ja la cité et la tor   236
Et avroit mort cel felon traïtor
Mout avroit bien enploié son labor. »

IX

« Amis, beau frere, dit Guillelmes le ber,
Est tele Orenge comme tu as conté ? »   240
Dist Gillebert : « Ainz est meillor assez.
Se voiez ore le palés principel
Comme il est hauz et tot entor fermé !
Encontremont a il que regarder.   244

227 au B. *avec* u *exponctüé* ; z de soz *assez négligé pourrait être pris*
pour r ; *mais* z *est assuré par l'accord de* $A^2 A^3 A^4$. *Après* 227, *texte*
altéré dans les quatre mss A ; *nous avons admis une lacune d'un vers*
à la suite de Jonckbloet afin de garder la numérotation de son édition
que suivent Godefroy et Tobler-Lommatzsch.

A   227 au pont s. A^2 — 237 m. ce f. A^4 — 241 Gileberz A^2 Guileberz
A^3 — 242 S. voïez l. A^3 S. viez o. A^4

B   224 g. li mis en .II. tronçons — 225 m'en avala (avalé) tous souls
— 226-238 *rempl. par* Qu'aperceüs n'i (ne) fui de nus d'iaus tous
Ving a Biaucare a un port orgueillous La trouvai je Perssans et
Arragons Le fil T. l'ainsné le plus estout Granz est et gras et fiers
et engignous Lee a la teste et embarré le front Et gros les bras les
poins quarrez en sonc N'a tel tyrant ce sachiez en ce mont Nos crestïens vous (nous) occist et confont Qui a Orenge peüst or faire un
tour La vile penre et la dame au chief blont Et mort eüst icel
(ice) roi d'Arragon Bien porroit dire conquis avroit honor —
239 biax B^1 ; li ber B^1 — 240 E. tiex O. B^1 ; com tu m'as ci c. —
241 D. Gillebers encore est mieudre a. (Guillebert dist encore
mieudre a.) — 242 Se veïssiez le — 243 Com il est drois et haut
entour fermez — 244 E. i a que r. (E. a molt a r.)

S'i estïez le premier jor d'esté,
Lors orrïez les oseillons chanter,
Crïer faucons et cez ostoirs müez,
Chevaus hennir et cez muls rechaner, 248
Ces Sarrazins deduire et deporter ;
Ces douces herbes i flerent mout soëf,
Pitre et quanele, dom il i a planté.
La porrïez dame Orable aviser, 252
Ce est la feme a dant Tiebaut l'Escler ;
Il n'a si bele en la crestïenté
N'en paienie qu'en i sache trover :
Bel a le cors, eschevi et mollé, 256
Et vairs les eulz comme faucon müé.
Tant mar i fu la seue grant beauté,
Quant Deu ne croit et la seue bonté !
Uns gentils hom s'en peüst deporter ; 260
Bien i fust sauve sel vosist creanter. »
Et dist Guillelmes : « Foi que doi saint Omer,
Amis, beau frere, bien la savez loër ;
Mes, par celui qui tot a a sauver, 264
Ja ne quier mes lance n'escu porter
Se ge nen ai la dame et la cité. »

X

« Amis, beau frere, est Orenge si riche ? »
Dist li chetis : « Si m'aïst Dex, beau sire, 268
Se veïez le palés de la vile
Qui toz est fez a voltes et a lices !

A 250 d. heberges i A^4 — 251 a assez A^2 — 253 f. au roi T. $A^2A^3A^4$ —
263 b. les avez loé A^3 — 265 Ge n. A^3 — 266 g. ne voi l. A^2

B 245 Se i estiés B^1 — 246 Vous i orriés l. o. (Vous orrïez ces o.)
— 247 C. ostours braire faucons m. — 249 C. S. i verriés (C. S.
veïssiez) — 250 f. si s. — 251 Poivre et canele que il ont aporté
— 252 La porroiz vous B^1 ; O. regarder — 253 f. au roi T. —
254 C'est la plus b. de l. c. — 257 Et les yex vairs c. B^2 — 259 c.
ne l. — 260 C'u. ; s'i p. — 261 f. s. li (la) riche roiautez —
262-263 *rempl. par* Amis biax frere dist G. li berz Si m'aït Diex
trop le (la) me peuz loër — 264 q. en croiz fu penez — 266 Se ne
conquier l. — 267 *rempl. par* Et (Ce) dist G. li chevaliers nobiles
Amis biaus frere por Dieu le fil Marie La cit d'Orenge est ele dont
si riche — 268 D. li messages — 269 Se vous veiés le p. et l. v. (S.
veïez l.) — 270 a compas et a listes

Si l'estora Grifonnez d'Aumarice,
Uns Sarrazins de mout merveillex vice ;   272
Il ne croist fleur desi que en Pavie   (43c)
Qui n'i soit painte a or et par mestrie.
La dedenz est Orable la roïne,
Ce est la feme au roi Tiebaut d'Aufrique ;   276
Il n'a si bele en tote paienie,
Bel a le col, s'est gresle et eschevie,
Blanche a la char comme est la flor d'espine,
Vairs eulz et clers qui tot adés li rïent.   280
Tant mar i fu la seue gaillardie,
Quant Deu ne croit, le filz sainte Marie !
— Voir, dit Guillelmes, en grant pris l'as or mise ;
Mes, par la foi que je doi a m'amie,   284
Ne mengerai de pain fet de ferine
Ne char salee, ne bevrai vin sor lie,
S'avrai veü com Orenge est assise ;
Et si verrai icele tor marbrine   288
Et dame Orable, la cortoise roïne.
La seue amor me destreint et justise
Que nel porroie ne penser ne descrire ;
Se ge ne l'ai, par tens perdrai la vie. »   292
Dist li chetis : « Vos pensez grant folie.
S'estïez ore el palés de la vile
Et veïssiez cele gent sarrazine,

---

273 en *répété*

A   273 Illec verroit f. *A⁴* ; d. en paienie *A²* — 278 cors *A²A³A⁴* ;
s'e. bele e. *A³* — 279 a *omis A³* ; est *omis A³* — 280 eulz *omis A⁴*
— 281 Trop m. *A⁴* — 282 fil *A³* — 286 n. bon vin sus l. *A⁴* —
293 grant *omis A⁴*

B   271 S. l'e. Grifaigne d'Amarie — 272 m. vicez — 273 f. ne (de)
nule rien qui vive — 274 p. de fin or p. — 277 s. gente e. — 278
Gent a le cors bele est et e. — 279 c. fleur d'aube espine *B²* —
280 Et les iex vairs q. — 281 s. bele vie — 282 fil — 283 l'avez m.
— 284 q. doi a Nostre Sire — 285 p. ne de farine (d. geline) —
286 De c. s. n. b. v. suz lie (Ne buverai vin qui soit sus la lie)
— 287 Si verrai ore c. *B¹* ; e. saisie *B²* — 288 Et Glorïete icelle
(la noble) tour antie — 290 a. durement me mestrie — 291 Que je
ne puis n. p. ne bien dire (Si que ne puis bien ne pensser ne dire)
— 292 *rempl. par* Se je ne l'ai par Dieu le fil Marie Bien croi par
tans en perderai la vie — 293 D. Gillebers — 294 Se estiez o. *B¹*
— 295 g. paienie

Dex me confonde se cuidïez tant vivre 296
Que ça dehors venissiez a complie !
Lessiez ester, pensé avez folie. »

XI

Guillelmes ot la parole effraee
Que li chetis li a dite et contee ; 300
Il en apele la gent de sa contree :
« Conseilliez moi, franche gent hennoree.
Cil chetis m'a cele cité loee ;
Ge n'i fui onques ne ne sai la contree, 304
Ci cort le Rosne, une eve desrubee ;
Se ce ne fust, ge l'eüsse effraee. »
Dist li chetis : « Folie avez pensee.
S'estïez ore .C.M. as espees, 308
A beles armes et a targes dorees,
Et vosissiez commencier la mellee,
N'i eüst eve ne nulle destornee,
Ainz qu'eüssiez es granz portes l'entree, 312
I avroit il feru .M. cops d'espee, (43*d*)
Tant cengles routes, tantes targes troees,
Et tant baron abatu par l'estree !
Lessiez ester, folie avez pensee. » 316

---

296 s. cuidie t. A^1A^4 corr. d'après A^2A^3 — 297 d. venisse a. corr.
d'après $A^2A^3A^4$ — 307 fole corr. d'après $A^2A^3A^4B^1B^2$ — 308
lire milë

A 300 a dit et conté A^4 — 303 Cist c. A^3 — 310 E. veïssez c. A^3 —
312 e. des g. A^3 e. les g. p. passee A^4 — 313 f. maint c. A^4 —
314 Tantes c. A^4 ; tante targe troee A^2A^4

B 296 s. cuidiez estre en vie (s'estre cuidiez e. v.) — 297 Se tost
n'estiez en (ça) dehors a delivre — 298 a. sotie B^2 — 300 Q. Gillebers l. — 303 Cis (Ce) ; a ceste c. — 304 omis — 305 Si com
li Rosnes — 306 e. conquestee — 307 D. Gillebers (Guillebert
dist) — 308 Se estiés vous — 309 A blans haubers et a targes saffree
(bendees) — 310 Et tout fust plain et montaigne et valee — 311 n.
destorbee — 312 A. que fuissiez en la grant porte entree (lee) —
314 Tant hauberc frait tante targe quassee — 315 a. en la pree
— Après 315 B^2 aj. Que nel diroit ame de mere nee

XII

« Voir, dit Guillelmes, tu m'as mis en effrois,
De la cité me contes orendroit
Que tele n'a nule ne cuens ne rois,
Et tu me blasmes que ne l'aille veoir !   320
Par saint Morise qu'en quiert en Aminois,
Ge te semoing, tu venras avec moi ;
Mes n'i merron cheval ne palefroi
Ne blanc hauberc ne heaume d'Aminois   324
N'escu ne lance n'espié poitevinois,
Mes esclavines com chetis tapinois ;
Tu as el regne assez parlé turquois
Et aufriquant, bedoïn et basclois. »   328
Li chetis l'ot ; cuidiez que ne li poist ?
Lors vosist estre a Chartrès ou a Blois
Ou a Paris, en la terre le roi,
Quar or ne set de lui prendre conroi.   332

XIII

Or fu Guillelmes corrociez et plains d'ire ;
Ses niés Bertran li commença a dire :
« Oncle, fet il, lessiez vostre folie.
S'estïez ore el palés de la vile   336
Et veïssiez cele gent sarrazine,
Connoistront vos a la boce et au rire,
Si savront bien que vos estes espie.
Et lors, espoir, vos menront en Persie ;   340

326 c. rapinois A^1A^4 corr. d'après A^2A^3

A   319 ne *omis devant* cuens A^4 — 320 q. n'aille la vooir A^4 — 339 *omis A^3*

B   318 m. contez o. — 319 Tel n'en a nule ne amiraus ne rois (Que n'a sa per n. a.) — 320 Et or me blasmes (dites) — 321 e. Vïenois — 322 Je irai sempres B^1B^2 ; vous venroiz ovec m. B^2 — 323 m. destrier n. — 324 n'elme sarrazinois — 325 Espié ne lance por faire nul boffoi — 326 M. e. et bourdons tapinois — 327 Tu as langaige si sez parler t. — 328 E. a. et tot sarrazinoiz — 329 Gilleb. l'oit ; que (qu'il) ne l'en p., — 331 l. cité l. — 332 *omis* — 335 Oncles dist il l. vostre (ceste) f. — 336 Se estiez o. B^1 — 338 a l. bouche e. B^1 — 340 A leur espoir vous metront en cuisine (metront vous)

Mengeront vos sanz pain et sanz farine,
Ne targeront que il ne vos ocïent,
Giteront vos en lor chartre perrine,
N'en istroiz mes a nul jor de vo vie   344
Tant que venra le roi Tiebauz d'Aufrique
Et Desramez et Gollïas de Bile,
A lor talant feront de vos justise.
Se por amors estes mis a joïse,   348
Dont porra dire la gent de vostre empire
Que mar veïstes Orable la roïne.
— Voir, dit Guillelmes, ce ne redot ge mie ;
Que, par l'apostre qu'en requiert en Galice,   352
Mielz voil morir et a perdre la vie   (44a)
Que je menjuce de pain fet de farine,
De char salee ne de vin viez sor lie,
Einçois verrai comme Orenge est asise   356
Et Glorïete, cele tor marberine,
Et dame Orable, la cortoise roïne.
La seue amor me destraint et jostise ;
Home qui aime est plains de desverie. »   360

XIV

Or fu Guillelmes por Orenge esmaiez ;
Ses niés Bertran l'en prist a chastoier :
« Oncle, dist il, tu te veus vergoignier
Et toi honnir et les membres tranchier.   364
— Voir, dit li cuens, ce ne dote ge rien ;
Hom qui bien aime est trestoz enragiez.
Ge ne leroie, por les membres tranchier

A 353 la *omis* A^2 — 354 de char ne de f. A^2 p. ne d. f. A^3 — 355 v. sus l. A^4 — 356 S' ançois v. A^3 — 357 E. G. icele tor marbrine A^2A^3 A^4 — 362 B. le p. $A^2A^3A^4$ — 363 Oncles A^2

B 342 Et se il targent q. — 343 c. vermine B^2 — 344 m. en trestoute vo vie (m. en toute vostre vie) — 345 li rois B^1 — 346 G. de Libe — 348 S. par tel chose — 350 m. amastes O. B^2 — 351 V. dist G. a ce ne vois je mie — 354-7 *rempl. par* Que je ne voie com Orenge est assise Et Glorïete icelle (la riche) tour antie — 360 Hons qui bien aime e. p. de drüerie — 361 O. f. d'Orenge G. en esmaier — 363 Oncles G. t. — 365 Et dist G. por noient en plaidiez — 366 *omis* — 367 Nel laisserai por nule rienz souz ciel (p. riens qui soit s.)

Ne por nul home qui m'en seüst proier,   368
N'aille veoir comment Orenge siet
Et dame Orable qui tant fet a proisier.
La seue amor m'a si fort jostisié
Ne puis dormir par nuit ne someillier   372
Ne si ne puis ne boivre ne mengier
Ne porter armes ne monter sor destrier
N'aler a messe ne entrer en moustier. »
Arrement fist tribler en un mortier   376
Et autres herbes que connoissoit li ber,
Et Gillebert, qui ne l'ose lessier ;
Lor cors en taignent et devant et derrier
Et les visaiges, la poitrine et les piez ;   380
Tres bien resemblent deable et aversier.
Dist Guïelin : « Par le cors saint Richier,
A grant merveille estes andui changié ;
Or poëz bien tot le monde cerchier,   384
Ne seroiz ja par nul home entercié.
Mes, par l'apostre qu'en a Rome requiert,
Ge ne leroie, por les membres tranchier,
N'aille avec vos, si verrai comment iert. »   388
De l'oignement s'est et taint et torchié.
Ez les mout bien toz trois apareilliez ;

A 371 si fet joutisier A^4 — 372 par nuit *omis* A^4 — 374 m. sus d. A^3A^4
— 376 e. .IIII. m. A^4 — 377 qui connoissent le b. A^4 ; c. l'erbier
A^3 — 380 A^4 *aj.* et *devant* la p. — 384 Que p. A^4 ; m. trichier
A^3 — 389 torchiez A^3 — 390 m. tost a. A^4 ; trois *omis* A^2A^4

B 368 h. tant m. — 372 N'en p. B^2 ; par nuit dormir B^1 —
373 Et si ne (n'en) p. — 374 *omis* — 375 m. voir le Dieu mestier —
Après 375 *aj.* Adont n'i (ne) volt li quens plus delaier — 376 Errau-
ment f. — 377 Herbes diversses que il connissoit bien — 378
l'osa B^2 — *Après* 378 *aj.* Fu avec lui amont sus le planchier —
379 c. ont tains e. — 380 Et lor poitrines et lor mains et lor piez —
Après 380 *aj.* Si (Puis) s'en tornerent li baron chevalier — 381
Bien resemblerent d. — 382-383 *Texte de* B^1 Dist Guiel. par le cors
saint Ligier A grant merveille estes vous .II. changié. *Texte de* B^2
Dist Guillebert par le cors saint Legier A grant merveille sonmes
ore changiez Dist Guïelin foy que doi saint Richier Voirement estes
tout en sui merveilliez — 384 Vous porrïez t. B^2 — 385 N'estrez
connus par nul home souz ciel (Ne serïez conneüz par mon chief)
— 386 que requierent paumier — 387 p. l'or de Monpellier —
389 s'e. tantost atiriez — 390 Estez les vous trestous .III. avoiez

De la vile issent, si ont pris le congié.
« Dex, dist Bertran, beau pere droiturier,   392
Com somes ore traï et engignié !   (44b)
Par quel folie est cest plet commencié
Dont nos serons honi et vergoignié,
Se Dex n'en pense, qui tot a a jugier !   396

XV

Vet s'en Guillelmes le marchis au vis fier
Et Gillebert et Guïelin le fier.
Li cuens Bertrans est retornez arrier,
Et cil s'en tornent, n'i ont plus delaié.   400
Desoz Beaucaire ont le Rosne trové
Et a doutance l'ont il outre passé,
A l'aviron se nagierent soëf ;
Puis passent Sorge sanz chalant et sanz nef,   404
Par Arragon s'en sont outre passé,
Droit vers Orenge, les murs et les fossez,
Les hautes sales et le palés listé
Et les pomeaus et les aigles dorez.   408
La dedenz oënt les oiseillons chanter,
Crïer faucons et cez ostoirs müez,
Destriers henir et cez muls recaner,
Cez Sarrazins en la tor deporter ;   412

405 Par Arragon *avec g exponctué et surmonté d'un* m A^1 Par Arra-gon *sans correction* $A^2A^3A^4$; *lire* Par Avignon *d'après* D 240

A 394 e. ce p. A^4 — 397 V. set G. A^2 — 401 Desor A^2A^3 Desus A^4 — 404 p. Orge s. A^4 ; s. chalanz e. s. nez A^3 — 405 s'en *omis* A^4 — 406 et le fossé A^4

B 391 s. prennent l. — 392 Bertrans B^1 ; biax (douz) p. — 394 cis plais commenciez B^1 — 396 p. le glorïeux du ciel — 397 G. qui tant fist a loër — 398 Et Gillebers et Guïelins li ber — 399 e. arrier retornez — 400 n'i sont plus demoré — 402 Au miex qu'il porent s'en sont outre passé — 403 *omis* — 404 S. n'i ont plus arresté — 405-406 *rempl. par* Isnelement se sont acheminé Droit vers Orenge ne s'i sont arresté Voient les murs les bailles les fossez — 407 e. les p. listez — 410 o. müer — 411 *omis* — 412 C. S. et glatir et huller

Pitre et quanele qui fleroient soëf,
Ces douces herbes dont orent a planté.   .
« Dex, dist Guillelmes, qui me feïstes né,
Mout a or ci tres mirable cité !   416
Tant par est riches qui l'a a gouverner ! »
Trusqu'a la porte ne se sont aresté.
Gilebert a le portier apelé,
En son langaige l'a cortois aparlé :   420
« Oevre, portier, lai nos leanz entrer ;
Drugement somes d'Aufrique et d'outre mer,
Si somes home le roi Tiebaut l'Escler. »
Dist le portier : « Onques mes n'oï tel !   424
Vos quel gent estes qui la hors m'apelez ?
Encor n'est mie rois Arragons levez
Ne ge n'os pas la porte deffermer,
Tant redoutons Guillelmë au cort nes   428
Qui a pris Nymes par sa ruiste fierté.
Estez iluec, au roi irai conter ;
S'il le commande, enz vos lerai entrer.
— Alez dont tost, dist Guillelmes le ber,   432
Isnelement, gardez ne demorez. »   (44c)
Et cil s'en torne sanz plus de l'arester ;
Del palés monte les marberins degrez ;
Arragon trueve seant lez un piler,   436

414 Des d. A^1A^2 *corr. d'après* B^2 — 436 seanz $A^1A^2A^3A^4$ *corr.*
d'après B^1B^2 *et* C 407

A   414 De d. A^3 Mes d. A^4 — 418 Jusqu'a A^4 — 420 l'*omis* A^3 ; c.
apelé A^3A^4 — 433 n'i d. A^3 ne demorer A^4 — 434 de demorer A^2
— 435 l. marbrins A^4

B   413 qui i flaire s. — 414 C'est B^1 ; d. il i ot planté — 415 *rempl. par*
Voit le G. mout par li vint en gré (m. li parvint e.) Hé Diex dist
il vraiz rois de majesté — 416 c. une noble c. — 417 r. cil qui l'a a
garder — *Après* 417 *aj.* A ces paroles se sont acheminé — 418
Jusqu'a B^1B^2 ; ne s'i s. B^1 — 420 *omis* — 421 O. la porte l. —
424 *rempl. par* Quant li portiers les oit (l'oït) ensi parler Il leur
demande que n'i a demouré — 425 quiex genz B^1 — 426 *rempl. par*
Arragons est çaiens rois baderez Nos sires est si a bien commandé
Que n'i laisse home qui de mere soit nez — 427 Si ne veil p. —
428 r. dant G. — 429 N. cele bone cité — 430 E. i. g'irai au roi
parler — 431 c. lairai vous i e. — 432 li ber B^1 — 433 g. n'i d. —
434 s. point d. B^2 ; de demourer B^1

Environ lui Sarrazins et Esclers.
Cortoisement l'en a araisoné :
« Sire, dist il, envers moi entendez.
A cele porte a trois Turs hennorez,   440
Dïent qu'ils vienent d'Aufrique et d'outre mer.
— Va donc, beau frere, lai les ceanz entrer ;
Ge lor vorroie noveles demander,
Que fet mes sires, mout avra demoré. »   444
Et cil lor cort la porte deffermer.
Or est Guillelmes dedenz Orenge entrez
Et Gillebert et Guïelin le ber ;
Mes n'en istront, si l'avront desirré ;   448
Ainz avront il paine et ahan assez.

XVI

Or fu Guillelmes en Orenge leanz
Et Guïelin et Gilleberz li frans.
Fardoillié furent d'alun et d'arrement,   452
Tres bien resenblent Sarrazin ou tirant.
El palés truevent .II. Sarrazins estant ;
Et s'entrapelent et dïent lor romant,
Dist l'un a l'autre : « Cist vienent d'Aufriquant ;   456
Encui orrons noveles avenanz. »
Li cuens Guillelmes vet tote voie avant
Trusqu'au palés roi Tiebaut le Persant.
De marbre sont li piler et li pan   460
Et les fenestres entaillies d'argent
Et l'aigle d'or qui reluist et resplent ;
Soleil n'i luist, n'i cort goute de vent.
« Dex, dist Guillelmes, beau pere roi amant,   464

A 442 frere *omis* A^3 — 443 vorrai A^2A^3 vodré A^4 — 455 E. s'entre-
parlent A^3 — 456 Dïent l. A^2 — 458 v. andant A^3 — 463 l. ne c.
A^4

B 440 T. arrivez — 443 l. voudrai n. — 444 Q. f. mon pere qui
tant a d. — 445 l. va l. — 448 a. comparé (deserté) — 449 i.
mainte paine enduré — 452 Farboillié f. de suie et d'a. — 453
Mout b. r. la sarrazine gent — 454 t. maint S. — 455 Cil s'e. ; l.
talent — 458 Et li quens v. tote voies a. — 459 Jusqu'au ; T.
l'Aufriquant — 460 s. li quarrel e. — 461 f. trestoutes ensement
— 463 *omis* — 464 biau (douz) pere omnipotent

Qui ainz mes vit palés si bien seant ?
Tant par est riches li sires de ceanz !
Que pleüst Deu, qui forma tote gent,
Que ci fust ore le palazin Bertran   468
O tot .x.m. de François combatant !
Hui enterroient Sarrazin en mal an,
G'en ocirroie ainz midi plus de .c. »
Arragon trueve lez un piler seant,   472
Entor lui ot .xv.m. Persanz.   (44d)
Morz est Guillelmes se de tot ne lor ment ;
Or orroiz ja com il lor vet disant :
« Amirauz, sire, franc chevalier vaillant,   476
Mahom te saut et le deu Tervagant ! »
Dist l'amirauz : « Baron, venez avant.
Dont venez vos ? — Del regné Aufriquant,
De vostre pere, le roi Tiebaut poissant.   480
Hier matinet, endroit prime sonant,
Fumes a Nymes, la fort cité vaillant.
Trover cuidames le riche roi Otran
Et Synagon et Harpin le tirant ;   484
Mort l'a Guillelmes au barnage des Frans,
Ocis noz homes, detranchiez et sanglanz.
Nos trois ot il en sa prison leanz,

---

468 Q. i f. *corr. d'après* A^2, C 439 *et* D 340 — 481 e. none s. A^1
$A^2A^3A^4B^1$ *corr. d'après* B^2

A 466 d. dedenz A^3 — 467 Car p. A^4 — 468 Q. il f. A^3A^4 — 466
de *omis* A^4 — 470 S. et Persant A^3 — 473 ot *omis* A^2 — 475 il le
v. A^4 — 479 De la gent d'Aufriquant A^4 — 487 o. si e. A^3 il *omis* A^4

B 465 Q. vit ainz mes p. B^2 — 466 d. leanz — 467 Car p. B^1B^2 ; q.
maint el firmament B^2 — 468 Q. or fust ci li palazins B. — 469 A
tout .xx.m. d. F. combatanz — 471 o. ancui plus de .ii. C. —
— 473 o. m. Sarr. poissanz — 474 s. du t. B^1 — 475 j. que leur
ira d. — 476 frans chevaliers B^1 — 477 t. gart e. B^1B^2 ; li diex
B^1 — 479 *rempl. par* Dont venez vous nel me celez neant Sire font
il du regne d'Aufriquant — 480 Du roi Tieb. vostre pere sachant
— 482 N. cele c. — 484 H. le vaillant (sachant) — 485-490 *rempl.*
par Mort l'a G. le cuivert mescreant O son barnage que il a o lui
grant Mort a ses homes Mah. le cravent Nous .iii. a il tenuz mout
longuement En sa prison dont nous somes dolant Mes tant est fors
d'amis et de parent Ne nous daigna tenir plus longuement Ainz
nous laissa aler par un couvent Qu'a vous venriens dire tout
lerrement Comment prist Nimes et occist vostre gent

Mes tant est riches d'amis et de parenz 488
Que nos lessa eschaper par itant :
Ne sai comment, a maufé le comment ! »
Dist Arragon : « Tant sui ge plus dolant.
Par Mahomet, en cui je sui creant, 492
Se ge tenoie Guillelme ci dedenz,
Tost seroit morz et livrez a torment,
L'os et la poldre en venteroie au vent. »
Guillelmes l'ot, si se vet enbronchant, 496
Mielz vosist estre a Paris ou a Sanz ;
Dex reclama, le pere, escordement :
« Glorïeus Sire, qui formas tote gent
Et de la Virge fus nez en Belleant 500
Quant li troi roi vos aloient querant,
Et en la croiz vos penerent tirant,
Et de la lance fus feruz enz el flanc,
Ce fist Longis qui estoit non voiant, 504
Que sanc et eve l'en vint as poinz corant,
Tert a ses eulz, si ot alumement,
Si com c'est voirs que ge vois devisant,
Gardez noz cors de mort et de torment, 508
Ne nos ocïent Sarrazin et Persant. »

XVII

Or fu Guillelmes el palés sor la tor ;
Il en apele ses autres compaignons
Bassetement por la gent paienor : 512

494 Toz s. $A^1A^2A^3A^4$ *corr. d'après* B^1B^2 *et* 536 *cf.* 1489

A 489 Qu'il n. A^2 — 490 c. au m. A^2A^3 — 494 Toz seroient A^4 —
496 si s'en v. A^3A^4 — 498 Deu A^2 Dieu A^3 S'en r. A^4 — 500 f.
lez e. A^2 — 504 Longins A^3 — 505 l'e. vet a. A^4 — 506 o. ralu-
mement A^3A^4 — 510 p. soz l. A^2 — 511 a. les a. A^2A^3

B 488-490 *voir page précédente* — 493 G. ça d. — 495 Des os l. —
496 s. s' en va e. B^2 — 497 Or voussist estre a Nimes la devant —
498 Dieu ; p. omnipotent — 499 q. feïs t. — 500 V. nasquis e. —
501 .III. roi vous quisent ce set on vraiement — 503 l. fustes feruz
ou flanc (l. vous ferirent el flanc) — 505 *rempl. par* De vos costez en
issi vermaux sans (D. vo costé) Aval la lance en vint le sanc courant
(v. a ruis c.) — 506 Terst a — 508 Garissiez nous d. — 509 S. ne
P. B^2 — 510-512 *rempl. par* Or fu Guill. a pié lez le perron Devant
le roi qui ot non Arragon (q. non ot A.) G. apele ses privés compaignons Bassetement por paiens qui la sont

« Seignor, dist il, nos somes en prisõn,   (45a)
Se Dex n'en pense par son saintisme non.
— Oncle Guillelmes, Guïelin li respont,
Gentix hom, sire, vos querïez amor ;   516
Vez Glorïete, le palés et la tor,
Quar demandez ou les dames en sont !
Bien vos poëz engaigier por bricon. »
Et dist li cuens : « Tu dis voir, valleton. »   520
Rois Arragon l'en a mis a reson :
« Dedenz Aufrique quant fustes vos, baron ?
— Beau sire chiers, .II. mois a et plus non.
— Voïstes vos roi Tiebaut l'Arragon ?   524
— Oïl, beau sire, a la cit de Vaudon.
Il nos besa, si vos mande par nos
Que vos gardez sa cité et s'onor.
Ou est sa feme ? la nos mosterez vos ?   528
— Oïl, seignor, dist li rois Arragon,
Il n'a plus bele trusqu'as nues d'amont.
Baron, dist il, de mon pere ai besoing :
François nos tolent noz palés et noz tors ;   532
Ç'a fet Guillelmes, il et si dui nevou ;
Mes, foi que doi Tervagan et Mahom,
Se ge tenoie Guillelme en ma prison,

A   524 Veïstes $A^2A^3A^4$ — 530 jusqu'au n. A^4 — 532 e. les t. A^4 —
533 A^4 *aj.* et *devant* il

B   514 p. qui souffri passïon — 515 Oncles B^1 — 516 *rempl. par*
G. h. s. por Dieu et por son non Ci es venus par amors ce savons —
517 V. G. la tour et le donjon — *Après* 517 *aj.* Mes de la dame ou
est nous ne savons — 518 d. la ou les dames sont — *Après* 518 *aj.*
Foi que doi Dieu qui forma Lazaron — 520 Et (Ce) d. G. ; vaillanz hom
— 521 Arragons les a — 523 *rempl. par* Et cil respondent ne vous en
mentirons Bien a trois mois ainsi com nous quidons Seignor dist
il ditez moi por (par) Mahom — 524 Veïstes ; T. l'Esclavon —
525 O. voir s. — 526 Sire il vous mande et nous le vous disons —
527 g. la c. e. l'o. — 528-533 *rempl. par* Saluz manda dame Orable
al chief blont Ou est la dame faites moustrez la nous (f. que la
voions) Nostre message envers li fournirons Et dist li rois volentiers
par Mahom Et si vous di ne vous en mentirons Il n'a si bele deci
a Besençon Seignor baron dist li rois Arragon Je vous di bien de
mon pere ai besoing François nous tolent nos biens et nos honors
Et nos chastiax qui sont ci environ Li fel G. qui ait maleïçon Et
si neveu filz de son frere i sont (n. les filz son f.)

Tost seroit ars en feu et en charbon,   536
L'os et la poldre ventee par enson. »
Guillelmes l'ot, si tint le chief enbron,
Lors vosist estre a Rains ou a Loon ;
Deu reclama et son glorïeus non :   540
« Glorïeus peres, qui formas Lazaron
Et en la Virge preïs anoncïon,
Garis mon cors de mort et de prison,
Ne nos ocïent cist Sarrazin felon. »   544

XVIII

Or fu Guillelmes el palés seignori.
L'eve demandent paien et Sarrazin,
Metent les tables, au mengier sont assis.
Guillelme i sist et ses niés Guïelin ;   548
Parolent bas, tienent lor chiés enclin,
Forment redoutent que il ne soient pris.
Rois Arragon les fist mout bien servir :
A mengier orent assez et pain et vin,   552
Grues et gentes et bons poons rostiz ;   (45b)
Des autres mes ne sai que vos devis,
Tant en i ot com lor vint a plesir.
Quant ont mengié et beü a loisir,   556
Cil eschançon vont les napes tolir.
As eschés jeuent paien et Sarrazin ;
Guillelmes ot le palés retentir,
Qu'est entailliez de vert marbre et de bis,   560
Vit les oiseaus et les lïons escris.
« Dex, dist li cuens, qui en la croiz fus mis,
Qui onques vit palés si bien seïr ?

A   536 Tot s. A^3A^4 — 537 p. venteré p. A^2, p. venteroi p. A^3 — 544
o. cil S. A^4 — 548 Guïelins A^4 — 549 P. bien A^3A^4 ; l. chief e. A^2
l. chiés enclins A^4 — 552 et *omis devant* pain A^4 — 555 o. quant
l. A^3

B   536 Il s. B^1B^2 ; f. ou e. B^1 — 537 *omis* — 539 a Nimes ou donjon
— 541 q. feïs L. B^2 — 544 o. cil S. B^1 — *Après* 544 B^2 *aj.* En ta
garde commant moi et mi compaignon — 547 t. a. m. — 548 i *omis*
B^1B^2 ; Guïelins B^1 — 549 t. les c. enclins — 550 *omis* — 557
C. Esclavon v. l. n. cueillir — 560 Qu'iert —561 Voit l. — 563
b. assis

Quar pleüst Deu, qui onques ne menti,   564
Que or fust ci Bertran le palazin
O tot .xx.m. de François fervesti !
Encui trairoient paien mout male fin,
G'en ocirroie, par mon chief, .iiii.xx. »   568

XIX

Rois Arragon a Guillelme apelé ;
Dejoste lui l'assiet lez un piler,
Enz en l'oreille li conseilla soëf :
« Frans Turs, dist il, or m'en di verité ;   572
Quieus hom est dont Guillelmes au cort nes,
Qui a pris Nymes par sa ruiste fierté,
Le roi Harpin et son frere a tüé ?
Ja vos ot il en sa prison rüé ? »   576
Et dit Guillelmes : « Ja orroiz verité.
Tant par est riche, menanz et assazé
Que il n'a cure d'or fin ne d'argent cler ;
Ainz nos lessa por neant eschaper,   580
Mes sor noz lois nos fist il afïer,
Il le te mande, nel te devon celer,
Que tu t'en fuies en Aufrique outre mer.

581 Nes s. *A¹A²A³* Neis *A⁴ corr. d'après C* 536

A   565 B. li p. *A³* — 566 fervestiz *A²A³A⁴* — 571 l. conseille s. *A³*
— 572 o. me d. *A³A⁴* — 573 dont *omis A⁴* — 576 *omis A³* — 578
riches *A³* ; et *omis A²* — 579 *omis A³*

B   564 D. qui por nous mort souffri — 565 Q. fust ici B. li palazins
(Q. ici fust B. le palazin) — 566 A t. ; fervestis — 567 p. a male
f. — 568 occiroi a mon brant *B²* — 569 Arragons *B¹* ; G. aparlé
— 570 Encoste (Dejouste) lui l'assist lez son costé — 571 Et li
demande com ja oïr porrez — 572 o. me d. — 573 Q. hons e. ore
G. (Q. est ore G.) — 574 par ses ruistes fiertez *B²* — 575 r. Otran
e. *B²* ; tüez *B²* — 576 Avez vous auques e. s. p. esté — 577 Guill.
dist j. *B²* — 578 riches et d'avoir assasez — 579 c. d'argent f. n. d'or
c. — 580-583 *rempl. dans B¹ par* : Ainz nous laissa pour itant eschaper Que vendrïons ça a vo court conter Que il a prise Nimes la fort
cité Et si nous fist ne t'en devons celer Et sus nos loys fiancer et jurer
Que tu t'en fuies en Aufrique outre mer ; *dans B² par* Ainz nous laissa
seul pour tant eschaper Que venrïons ça a vo court conter Que il a prise
Nimes la fort cité Et si nous fist nel te devon celer Desus no loy
fiancer et jurer Que te dirons de par lui sans gaber Qu'a lui te voises
rendre sans demorer Toi et touz ceuls que tu dois gouverner Et se
nel fais saches bien sans douter Se ne t'en fuiz en Aufrique outre mer

Ja ne verras le mois de moi passer   584
Qu'il te sivra a .XX.M. ferarmez ;
Ne te garront les tors ne li piler,
Les amples sales ne li parfont fossé ;
A maus de fer te seront estroé.   588
S'il te puet prendre, a martire es livré,
Penduz as forches et au vent encroé. »
Dist Arragon : « De folie parlez.
Or manderai en Aufrique outre mer ;   592
Venra mon pere et ses riches barnez   (45c)
Et Golïas et li rois Desramez,
Corsolt de Mables et son frere Aceré
Et Clarïaus et li rois Atriblez   596
Et Quinzepaumes et li rois Sorgalez,
Li rois d'Egyte et li rois Codroëz
Et rois Moranz et li rois Anublez
Et l'aufarains de Sorgremont sor mer,   600
Borreaus mes oncles et ses filz toz armez,
Li .XXX. roi qui d'Espaigne sont né ;
Chascuns menra .XX.M. d'adobez,
Ses assaudrons as murs et as fossez.   604
Morz iert Guillelmes et a sa fin alez
Et ses neveuz a forches encroëz. »
Guillelmes l'ot, le sens cuide desver ;

585 *lire* mil

A   584 mai A^3 ; passé A^3A^4 — 585 t. servira a A^4 — 586 l. cors
n. A^4 ; n. les fossez A^3 — 588 A mal d. f. t. feront estroër A^3 —
590 P. a f. A^2 ; encroëz A^2A^3 — 595 d. Nubles $A^2A^3A^4$ — 597 r.
Atriblez A^2 — 598 Cordroëz A^4 — 603 C. avra A^2 C. en i avra
A^4 ; .XXX.M. A^3 ; d'*omis* A^4 — 604 a m. e. a f. A^4 — 605 M. est
G. A^4 — 606 n. as f. A^3 au f. A^4

B   584 d. may — 585 Qu'il t'assaudra a .XX.M. d'adoubez (d'*omis*) —
586 g. ti mur ne ti p. — 588 f. les fera craventer — 589 livrez —
590 P. seras e. B^1B^2 ; encroëz B^1 — *Après* 590 B^2 *aj*. Et il
est fier et si emparentez Que paor ai n'en soiez encombrez —
593-600 *rempl. par* T. mon pere qui mout fet a loër Et avec lui
mon riche parenté Tant amenra de Sarr. armez Rois Golïas et li
rois Desramez et Clarïas et li rois Eürtez (Eürez) Et avec eus iert
li rois Sorgalez Li rois d'Egistre et li rois Cordoëz (Codroëz) Et
rois Mirmans et li rois Salubrez Et l'auferron de Sorgemont sus
mer — 601 e. si fil tuit armé B^1 — 603 C. avra .XX.M. paiens
armez — 604 S. a. a Nimes la cité — 606 Et si neveu seront tuit
traïné — 607 G. l'oit si a un poi pensser (penssé)

Entre ses denz a respondu soëf :   608
« Par Deu, fet il, danz gloz, vos i mentez ;
Einz en seront troi .M. Turs tüez
Soiez de Nymes ne princes ne chasez. »
S'il eüst armes por son cors conraer,   612
Ja fussent tuit el palés effraez,
Que ja son sens nel peüst atemprer.

XX

Or fu Guillelmes en la sale perrine.
« Rois Arragon, li commença a dire,   616
Sire, dist il, monstrez moi la roïne
Que si par aime l'emperere d'Aufrique. »
Dist Arragon : « Il fet mout grant folie,
Quar il est vielz, s'a la barbe florie,   620
Et ceste est bele et juenete meschine,
Il n'a tant bele en tote paiennie.
En Glorïete mainne ses drüeries ;
Mielz ameroit... Sorbant de Venice,   624
Un bacheler juene de barbe prime,
Qui de deport et d'armes set bien vivre,
Qu'el ne feroit Tiebaut d'Esclavonie.

624 *il manque un mot d'une syllabe* $A^1A^2A^4$, *peut-être* dan *cf.* B^1

A   613 effreé A^4 — 614 s. ne p. A^3 — 618 Qui A^2 — 620 Que i A^3
— 621 e. jeune m. A^4 — 622 paiennime A^2A^3 — 624 M. a. ele
S. A^2 (+ 1) ; a. Soribant d. A^3 — 627 Qu'ele ne fet T. $A^2A^3A^4$

B   608 Trestout basset a dit et mout soëf — 609 Par Dieu dist il fel
glout vous en m. B^2 — 610 M. paiens t. — 611 *rempl. par* Que
vous de Nimes soiez en poesté Ne qu'en soiez sire ne avoëz —
612 S'or e. a. G. li franz bers (a. li frans quens honorez) —
613 effraé B^1 — 614 s. s. n'i p. (s. cuer n'en p.) — 616 Arragons
B^1 — *Après* 616 *aj.* Sire (Dant) Aufriquant comment vous est
biau sire Li ber G. li dist par courtoisie — 617 S. drois rois
m. nous l. — 618 Que (Qui) aime tant l'empereour d'A. —
Après 618 *aj.* Car mon message li voudroie je dire — 621 E. celle
e. b. e. josne et eschevie (E. c. e. joenne et bele e. e.) — 622 a
si b. — 623 m. sa drüerie — 624 Miex amast ele dant Seguin de
V. (Ele amast miex de Sanguin de V.) — 625 Biax bachelers est
il de b. p. (Qui est dansiaus joene de b. p.) — 626 Et de ses armes
se set mout tres bien vivre (s. set il mout vivre) — 627 *omis*

Trop par est fox vielz hom qu'aime meschine,   628
Tost en est cous et tornez a folie. »
Ot le Guillelmes, si commença a rire :
« Voir, dit Guillelmes, or ne l'amez vos mie ?
— Ge non, por voir, Damedex la maudie !   632
Ge vorroie ore qu'ele fust en Aufrique   (45d)
Ou a Baudas, el regne d'Aumarie. »

XXI

El palés est dans Guillelmes li frans
Et Gillebert, Guïelin li poissanz.   636
Par mi la sale s'en vont outre passant,
Si les conduit uns paiens, Malcuidant,
A la roïne que li rois aime tant.
Mielz lor venist qu'arriers retornissant   640
Outre le Rosne envers Nymes la grant ;
Ja ainz n'iert vespre ne le soleil cochant,
Se Dex n'en pense par son digne commant,
Que il orront dont il seront dolant.   644
En Gloriete en sont venu a tant.
De marbre sont li piler et li pan,
Et les fenestres entaillies d'argent ;
Et l'aigle d'or si reluist et resplent ;   648
Soleil n'i luist ne n'i cort point de vent ;
Bien fu paree, mout par fu avenant.

A 628 h. qui a. A^4 — 635 Del p. ist d. A^2A^3 Dou p. ist G. A^4, dans *omis* A^4 — 640 retornesant A^3 retornassent A^4 — 641 Entre l. A^2 ; l. Ros e. A^4 — 648 o. i r. A^3 — 649 n. ne c. A^4

B 628 h. qui prent m. — 629 et (ou) outrez par folie — 631 dist li quens — 632 Non fas je voir Mah. le maleïe (N. voir fet il Mahomet le) — 633-634 *rempl. par* Bien voudroie ore se Diex me beneïe Que la (le) tenisse en Nimes la garnie Si m'aït Diex n'en porteroit la vie Si bas le dist que li Turs ne l'oit mie — 635-639 *rempl. par* Rois Arragons qui sire ert des Persans Bailla G. un paien Malquidant Qu'il le menast a la dame au cors gent Et il si fist que n'i vet delaiant (f. ne s'en va d.) Par mi la sale s'en vet outre passant Vont a la dame tost et isnelement — 640 M. li v. d'ileuques fust tornant — 644 Tel chose o. — 645 E. G. s'en monterent a t. — 646 p. par devant — 647 f. et li huis par dedenz — 648 o. i r. — 649 *omis* — 650 f. pavee et mout f.

A une part de la chambre leanz
Avoit un pin par tel esperiment   652
Com vos orroiz se vos vient a talent :
Longue est la branche et la fueille en est grant ;
La flor qu'en ist par est si avenant,
Blanche est et inde et si est vermeillant.   656
(Ilueques est li carroiges sovent.)
Pitre et canele, garingal et encens
Flere soëf et ysope et piment.
La sist Orable, la dame d'Aufriquant ;   660
Ele ot vestu un paile escarinant,
Estroit lacié par le cors qu'ele ot gent
De riche soie cousue par les pans ;
Et Rosiane, la niece Rubiant,   664
Le vent li fist a un platel d'argent.
Ele est plus blanche que la noif qui resplent
Et plus vermeille que la rose flerant.
Voit la Guillelmes, tot li mua le sanc.   668
Il la salüe bel et cortoisement :
« Cil Dex vos saut, en cui somes creant ! »
Dist la roïne : « Baron, venez avant.
Mahom vos saut, a cui le mont apent. »   672
Dejoste lui les assist sor un banc,   (46a)
Qu'iert entailliez a or et a argent ;
Or pueent dire auques de lor talent.

A 653 v. vint a A^3 — 654 en *omis* A^3 ; en est *omis* A^4 — 661 p. escla-
riment A^3 p. esclariant A^4 — 662 l. por l. $A^2A^3A^4$ — 663 l. flans
A^2A^3 — 664 Josiane A^2A^3 Cousiane A^4 — 665 a *omis* A^4 — 666
la nois A^3 — 668 V. le G. A^3 — 673 D. li $A^2A^3A^4$; sus u. A^4

B 653 s'il v. — 654 L. e. la fuelle et les branches sont granz —
655 f. qui est p. est (iert) s. a. — 656 s. vait verdoiant —
657 I. tient son quarrefour s. — 658-659 *rempl. par* Et li lieus est
mout tres soëf flairant de bones herbes i avoit il graument — 660
l. d. o le cors gent (la roÿne au cors gent) — 661 Vestue estoit
d'u. — 662 o. grant — 663 l. flans — 664-665 *rempl. par* Enz (Et)
en son chief un cercle d'or luisant A riches pierres tot entor flam-
boiant N'a si riche home en ce siecle vivant Ne nul si povre par
le mien esciant Qui seüst mie prisier ses garnemez Ne sa (la)
biauté peüst dire a (en) nul sens Que la dame a qui est si avenant
(q. si est a.) — 666 l. flors q. — 668 G. si l. B^1B^2 ; li sans B^1 —
670 v. gart e. — 672 De Mah. soiez vous bien veignant — 673
Dejouste (D'encoste) li l. a. suz u.

« Dex, dist Guillelmes, Paradis est ceanz ! » 676
Dist Guïelin : « Onques ne vi tant gent.
Ge vorroie estre ici tot mon vivant ;
Ne m'en querroie movoir ne tant ne quant. »

XXII

Or fu Guillelmes en Glorïete assis 680
Et Gillebert et li preuz Guïelins,
Lez les puceles desoz l'ombre del pin.
La sist Orable, la dame o le cler vis ;
Ele est vestue d'un peliçon hermin 684
Et par desoz, d'un bliaut de samit,
Estroit a laz par le cors qui bien sist.
Voit la Guillelmes, tot le cors li fremist.
« Dex, dist Guillelmes, ceanz est Paradis ! 688
— Se Dex m'aïst, ce respont Guïelins,
Ge esseroie toz jorz volentiers ci ;
Ja n'i querroie ne mengier ne dormir. »
La gentil dame les a a reson mis : 692
« Dont estes vos, franc chevalier gentill ?
— Dame, nos somes del regne de Persis,
De cele terre Tiebaut vostre mari.
Hier matinet, quand jor fu esclarci, 696
Fumes a Nymes, cele mirable cit.

A 677 Onc A^4 — 679 ne *omis devant* tant A^4 — 681 Gileberz A^2
— 682 L. la pucele desor l'o. A^2 ; d'un pin A^3A^4 — 685 p. desor
A^3 — 687 toz li c. A^3 — 690 Ge esteroie A^3 Je seroie A^4 —
693 f. damoisel g. A^4 — 694 r. des P. A^3 — 696 esclarciz A^2 —
697 c. bonne cité A^4

B 676 *rempl. par* Diex dist G. vrais rois omnipotent Je cuit et croi
par le mien esçïant C'est paradis que voi ci en estant (p. qui est ci
en present) — 677 *rempl. par* Dist Guïelins par Dieu le roi amant
(Guyelin dist p.) Ne vi mes lieu en trestot mon vivant Qui fust si
biaus ne si tres avenant — 678 m. talent — 679 *omis* — 681
Gillebers B^1 — 682 Delez la dame d. l' o. d'un pin — 683 o le
cuer fin B^2 — 684 Elle ot vestu u. — 685 p. desus un b. — 686 E.
chaucié a laz qui bien li sist — 687 touz li cors B^1 — 688 d. li
quens — 689 Par mon chief oncle ce respont Guyelin B^2 — 690
Que je seroie t. — 691 Je ne q. — 692 l'en a — 694 r. as Arrabiz
— 696 jorz f. esclairiz B^1

Trover cuidames la gent de nostre lin,
Roi Synagon et Otran et Harpin ;
Mes Fierebrace les a toz trois ocis.   700
François nos pristrent as portes de la cit,
Si nos menerent devant le palasin.
Mes tant est riches et enforciez d'amis
Que il n'a cure ne d'argent ne d'or fin ;   704
Ainz nos lessa eschaper par einsi :
Desor noz lois nos convint a plevir,
Il le vos mande, ge sui qui le vos di,
Que tu t'en fuies el regne de Persis ;   708
Qu'ainz ne verras passer le mois d'avrill
Que te sivra a .xx.m. fervestiz ;
Ne te tendront li mur ne li paliz,
Les amples sales ne li forz roilleïz ;   712
A maus de fer vos seront desconfit.   (46b)
Se il puet prendre Arragon l'Arrabi,
Vostre fillastre que vos amez einsi,
Il le fera de male mort morir,   716
Pendre ou ardoir et en flambe broïr.
La dame l'ot, si gita un soupir.

XXIII

La dame entent les estranges mesaiges ;
Lors les apele, de noiant ne se targe :   720
« Seignor baron, bien sai vostre langaige.

710 *lire* mil — 717 a. ou e. *corr. d'après* $A^2 A^3 A^4$

A 698 d. vostre l. $A^3 A^4$ — 704 ne *omis devant* d'argent A^4 — 706
Desoz A^3 ; nos esconvint plevir A^2 — 708 r. des P. A^2 — 719 e.
l'estrange message A^4

B 698 Cuidames y trouver gens Sarr. — 701 es p. — 706-713 *rempl.*
par Et sur no loy le nous couvint plevir (sur nos loys) Que vendriens
dame tot droit parler a ti (Q. en vendrons t.) De seue part salus
vous mande ci Il le te mande je sui qui le te di Que tu t'en voises
ou regne des Perssiz Ja ne verras le mois passer d'avril (v. passer le
mois d.) Qu'il t'assaudra a .xx.m. fervestis Ne te garra haus
murs ne rolleïs La grande sale ne li grans murs hautiz (ne le palés
voultis) Qu'il ne le face peçoier et croissir A maulx de fer et a pikox
faitis (e. a bons pis faitis) — 714 Et s'il p. — 715 v. par amez si —
717 a. ou livrer a essil — 718 si en geta un ris — 720 a. bonement
sanz outrage — *Après* 721 *aj.* Mes dites moi ne m'i faites celage

Quiex hom est dont Guillelmes Fierebrace
Qui a pris Nymes, le palés et les sales,
Et mort mes homes et encor me menace ?   724
— Voir, dit li cuens, mout a fier le corage
Et gros les poinz et merveilleuse brace.
N'a si grant home desi que en Arabe,
Se il le fiert de l'espee qui taille,   728
Que ne li tranche tot le cors et les armes :
Desi en terre cort l'espee qui taille.
— Voir, dist la dame, ce est mout grant damaige !
Par Mahomet, il doit bien tenir marche ;   732
Liee est la dame en cui est son coraige. »
Felon paien vienent iluec a masse ;
Encui orra Guillelmes tel contraire
Qu'ainz n'oï tel en trestot son aage,   736
Dex le deffende de perte et de damage !

XXIV

Or est Guillelmes dedenz la tor monté
Et Gillebert et Guïelin le ber,
Lez les puceles desoz le pin ramé ;   740
A la roïne se desresna soëf.
Felon paien i furent amassé
Por les barons veoir et esgarder ;

---

732 *entre* tenir *et* marche, terre *rayé*

A   723 N. les p. A^3 — 729 tot *omis* A^4 — 730 D. a t. A^4 — 736 Que n'oït t. A^3 ; e. tos s. A^4 — 741 se desregne s. A^3

B   722 e. or G. — 723 p. grant et large — 725 l. visage — 726 e. m. face (e. quarree la brace) — 727 h. jusqu'el regne l'Aufaige (h. tresqu'el r. a l'A.) — 729 Qu'il B^2 — 730 Deci en terre et parmi la couraille (Si ques en terre trenche piz et courailles) — 731 *rempl. par* Par Mah. ce est mout granz domages Quant il ne croit Mahomet et s'ymage (c. et Mahon et s'y.) — 732 Et non pour quant B^1B^2 ; marches B^2 — 733 ses coraiges — 734 A ces paroles vienent paien a masse — 735 Ancui avra G. t. outrage — 736 Que ainc n'ot t. (C'onques n'ot t.) — 737 e. de hontage B^2 — 738 montez — 739 Et Gillebers et Guïelins li bers (e. Guyelin delez) — 740 L. la pucele d. — 741 Et l. r. s. d. assez (E. l. r. a els parla a.) — 742 Es vous paiens qui f.

Se Dex n'en pense qui en croiz fu pené,   744
Encui sera Guillelmes mal mené.
A tant ez vos un paien, Salatré ;
Cil le confonde qui tot a a sauver !
Li cuens l'ot pris a Nymes la cité ;   748
Une vespree fu li gloz eschapé,
Si s'en torna fuiant tot un fossé
Qu'il ne pot estre ne baillié ne trové.
Cil a Guillelme si mauvés plet mené   752
Com vos orroiz ici avant conter.   (46c)
Lez Arragon s'en est venuz ester,
Enz en l'oreille li conseilla assez :
« Par Mahom, sire, barnaiges vos apert ; 756
Ja iert vendue la fiere cruiauté
Qu'en me volt fere a Nymes la cité.
Veez vos ore cel parcreü monté ?
Ce est Guillelmes, le marchis au cort nes ; 760
Et cil, ses niés, cel autre bacheler ;
Et cil aprés qui tient cel fust quarré,
C'est li marchis qui de ci fu torné.
Por vos traïr se sont atapiné,   764
Qu'il cuident prendre ceste bone cité. »
Dist Arragons : « Diz me tu verité ?
— Sire, dist il, ja mar le mescreez.
Vez la Guillelme qui m'ot enprisonné, 768
Si me volt pendre et au vent encroër

769 v. prendre e. A^1A^4 corr. d'après A^2A^3

A 750 f. lez u. A^3 — 757 l. grant c. A^4 — 759 o. ce p. A^4 — 760 li m. A^3 — 762 t. ce f. A^4 — 764 P. nos t. A^3 — 767 l. mescrerez $A^2A^3A^4$

B 744 penez — 745 menez — 747 c. par cui serons sauvé — Après 747 B^2 aj. Quar se il puet a mort sera livrez Et Guylin et Guillebers delez — Après 748 B^1B^2 aj. Il le volt pendre et au vent encroër — 749 eschapez B^1 ; Une avespree s'iert l. g. eschapé B^2 — 750 Si s'en ala fuiant parmi un guez — 751 e. tenuz ni (ne) atrapez — 752 C. a au conte s. B^2 — 753 i. après c. B^2 — 755 c. souef — 757 Or i. rendue l. — 759 V. v. la (or) cest (ce) grand membru quarré — 760 li m. B^1 — 761 E. c'est s. B^1B^2 ; cis autres bachelers B^1 — 762 E. cist a. B^1 ; t. ce f. — 763 tornez B^1 — Après 763 B^2 aj. De vo prison quant sa garde ot tüé — 765 Quar prendre cuident c. B^2 — 766 Me diz tu B^2 — 767 m. le (en) mescrerez — 769 pendre au vent et a l'oré

Se Mahomez ne m'en eüst tensé.
Hui est le jor qu'il iert guerredoné. »
Or oëz ore, franc baron naturé,   772
Por l'amor Deu, qui en croiz fu pené,
Del pautonnier comment il a ovré.
Prist une cote, Guillelme en a hurté,
Qui tote estoit de fin or esmeré ;   776
Fiert en Guillelme el front desus le nes ;
Lors se descuevre et la color li pert :
Blanche ot la char comme flor en esté.
Voit le Guillelmes, le sens cuide desver,   780
Trestot le sanc del cors li est müé ;
Deu reclama, le roi de majesté :
« Glorïeus peres, qui tot as a sauver
Et en la Virge te deignas aonbrer,   784
Tot por le pueple que tu vosis sauver,
Lessas ton cors traveillier et pener
Et en la croiz et ferir et navrer,
Si com c'est voirs, par la teue bonté,   788
Garis mon cors de mort et d'afoler,
Ne nos ocïent Sarrazin et Escler. »

XXV

Quant Arragon entendi l'Esclavon
Que il connut toz trois les compaignons,   792
En piez se dresce, ses a mis a reson :   (46d)

---

778 se *en interligne*

A   772 ore *omis* A^4 — 773 penez A^3 — 781 müez A^3 — 787 Dieu en
l. A^4 — 790 S. ne E. A^2 — 792 t. les .III. c. A^3

B   772 Or orroiz ja franc chevalier membré — 773 penez B^1 — 776
Cousue a or mout par fist a loër — 777 G. frote ou front d. —
778 c. i p. — 779 com la f. B^1 — 780 G. forment l'en a pesé —
781 Trestouz li sans B^1 ; müez B^1 — 783 G. Diex (Sire) q. —
Après 787 *aj.* Li fel Longis ce est la verité Onc n'ot veü lumiere
ne clarté Et de la lance vous feri u costé Que sanc et yaue en
convint avaler (y. en fist jus avaler) Terst a ses iex lui feïs ralumer
Quant il vous vit merci vous voust crïer Douz fus et humbles
vousis lui pardonner — 788 v. pere de majesté — 791 e. le glouton
— *Après* 793 *aj.* En haut parla que bien l'entendi on (l'on)

« Sire Guillelmes, l'en set bien vostre non.
Mar i passastes le Rosne, par Mahom !
Tuit seroiz mort a grant destrucïon,   796
L'os et la poldre venterons par le mont ;
Ge n'en prendroie d'or fin plain cest donjon
Ne soiez mort et ars tot en charbon. »
Guillelmes l'ot, si taint comme charbon ;   800
Dont vosist estre a Rains ou a Loon.
Guïelins voit que ne se celeront ;
Detort ses poinz et ses cheveus deront.
« Dex, dist Guillelmes, par ton saintisme non,   804
Glorïeus pere, qui formas Lazaron
Et en la Virge preïs anoncïon,
Jonas garis el ventre del poisson
Et Danïel en la fosse au lïon,   808
La Madaleine feïstes le pardon,
Le cors saint Pere meïs en Pré Noiron
Et convertis saint Pol son compaignon,
Qui en cel tens estoit mout cruïex hom,   812
Puis refu il des creanz compaignons,
Ensemble o els sivi processïon,
Si com c'est voir, Sirë, et le creon,
Deffendez nos de mort et de prison,   816
Ne nos occïent cist Sarrazin felon. »
Un bordon ot, grant et forni et lonc ;
A ses .II. mains le leva contremont

---

798 Ge *omis* $A^1A^2A^4$ *corr. d'après* A^3B^2 — 804 *lire* dist li enfes
cf. C 770

A 795 i *omis* A^4 ; l. regne p. A^4 — 797 v. por l. A^3 — 798 p. ce d. A^4
— 805 f. tot le mont A^4 — 807 v. de p. A^4 — 812 e. ce t. A^4 — 813
d. recreanz c. A^4 — 817 o. cil S. A^2 — 818 et *omis devant* forni A^4

B *Après* 794 *aj.* Espïer viens nous et nostre maison — 797 Des os
l. B^2 ; venter nous en feron — 798 N'en prenderoie B^1 ; d'or tout
p. ce d. — 799 e. tous ars e. — 800 s. tint le chief embronc — 802
qu'il n. B^1 ; Guill. *sur espace gratté* voit celer ne se porront B^2 —
803 Mout fu dolans et ot grant marrison (e. plain de m.) — 807
J. sauvas B^1B^2 ; enz ou v. au p. B^1 — 809 *omis* — 812 a cel (ce)
t. — 813 P. revint il des verais c. — 814 *omis* — 815 v. et nous
bien le creons — 817 Se n. B^2 ; cil S. — 818 e. ferré e. (g. bien
ferré e.)

Et si en fiert Salatré le gloton,   820
Qui l'encusa vers le roi Arragon,
Par mi le chief, mout grant cop del baston
Que la cervele en vola contremont.
« Monjoie ! escrie, ferez avant, baron ! »   824

XXVI

Guillelmes a le palés effraé,
Devant le roi a le paien tüé.
Li cuens Guillelmes ra choisi un tinel
Qui por feu fere i estoit aporté ;   828
Cele part vient poignant et tressüé,
As poinz le prent, contremont l'a levé ;
Baitaime vet ferir, le desreé,
Par mi le chief, ruiste cop del tinel   832
Que le cervel li fet del chief voler ;   (47a)
Devant le roi l'a mort acravanté.
Et Gilebert rala ferir Quarré,
De son baston l'a el ventre bouté,   836
C'une grant piece l'a fet outre passer ;
Mort le trestorne devant lui au piler.
« Monjoie ! escrie, baron, avant venez !
Puis qu'ainsi est qu'a mort somes livrez,   840
Vendons nos bien tant com porrons durer ! »

825 *lire* Guïelins a *cf. C* 788 — 830 l. point c. *corr. d'après* $A^2A^3B^1B^1$
— 834 D. la r. *corr. d'après* $A^2A^3A^4B^1B^2$

A   828 aportez A^3 — 829 p. tot abrivé A^4 — 830 l. prist A^4 — 831
Bartanne A^3 Bartainne A^4 — 833 Q. la cervele $A^2A^3A^4$ — 834 m.
et craventé A^4 — 838 l. trebuche d. A^2A^3 ; l. el p. A^3 — 840 m.
estes l. A^4 ; livré $A^2A^3A^4$ — 841 c. nos p. A^4

B   820 Et vet ferir S. — 822 g. c. d'un b. (c. le fiert si du bourdon) —
824 e. or i ferez b. — 825 a les paiens effraez — 827 G. a c. — 828
Aportez (Qu'aporté) fu por le feu alumer — 829 C. p. vint courant
comme desvez — 831 Un paien v. f. sans arrester — 832 P. m. le col
tel cop li a donné (li a tel cop d.) — 833 Q. la cervele du chief en
fet v. (c. en fet du chief v.) — 834 m. et craventé — 835 G. referi
si Q. B^2 — 836 D. s. bourdon l'a — 837 Que par mi outre li a fet
trespasser — 838 l. tresbusche par devant (delez) un p. — 840 e.
que sonz a mort l. (P. nous sommes ainssi a m. l.) — 841 c.
poons d.

Ot l'Arragon, le sens cuide desver,
A voiz s'escrie : « Baron, quar les prenez !
Par Mahomet, ja seront afolé   844
Et enz el Rosne balancié et gité
Ou ars en feu et la poldre venté. »
Dist Guïelin : « Baron, ensus estez !
Que, par l'apostre qu'en quiert en Noiron Prez,   848
Ainz que m'aiez sera chier comparé. »
Par maltalent en a son fust crollé ;
Li cuens Guillelmes i fiert de son tinel
Et Gillebert de son bordon ferré.   852
Granz cops i donent li baron naturel ;
.xiiii. Turs lor i ont mort gitez
Et toz les autres i ont si effraez
Par mi les huis les ont ferant menez ;   856
Font les torouz verroillier et fermer,
A granz chaienes ont le pont sus levé.
Or en penst Dex, qui en croiz fu pené !
Qu'or est Guillelmes en perilleus hostel   860
Et Gillebert et Guïelin le ber,
En Glorïete ou il sont enserré ;
Et Sarrazin, li cuvert forsené,
Bien les assaillent qu'il n'i ont demoré.   864

XXVII

Li Sarrazin sont orgueilleus et fier ;
Bien les assaillent a .c. et a milliers,
Lancent lor lances et dars tranchanz d'acier.

A   842 A. du sen c. A^4 — 843 s' *omis* A^4 ; B. que l. A^3 — 846 p. venter A^4
   — 847 Guïelins A^3 — 857 coranz $A^2A^3A^4$ — 858 p. avalé A^4

B   842 Arragons B^1 — 843 car vous hastez — 845 Ou e. ; b. et rüé —
847 Guïelins B^1 ; G. glouton e. — 848 en (el) N. Pré — 849 m'a.
m'avrez chier acheté B^2 — 850 P. m. avoit le (son) fust levé —
Après 850 B^2 *aj.* Un Turc fiert si que il l'a mort rüé — 852 Gillebers B^1 — 853 i fierent l. — 855 a. en sont s. B^2 — 856 l. en ont
franc m. — 857 F. l. courans (tantost) v. — 858 o. les pons s. —
859 penez B^1 ; q. est plain de bontez B^2 — 860 Or e. G. (Quar G.
est) — 861 E. Gillebers et Guïelins li b. B^1 — 862 s. arresté —
863-864 *omis* — 865 *rempl. par* Or est G. en la tour herbergiez
Et Gillebers et Guïelins ses niez Et Sarr. li cuvert renoié — 867 t.
ferrez B^2

Cil se deffendent com gentill chevalier ;   868
Ces gloutons versent es fossez et es biez,
Plus de .XIIII. en i ont trebuchié,
Li plus halegres ot le col peçoié.
Voit l'Arragon, a pou n'est enragié,   872
De duel et d'ire a pou n'est forvoié ;   (47*b*)
A sa voiz clere commença a huichier :
« Es tu lassus, Guillelmes au vis fier ? »
Et dist li cuens : « Voirement i sui gié,   876
Par ma proesce i sui ge herbergié ;
Dex m'en aïst, qui en croiz fu drecié ! »

XXVIII

Or fu Guillelmes en Glorïete entré ;
As Sarrazins commença a parler :   880
« Mal dahé ait por vos se quiert celer !
En ceste vile entrai por espïer ;
Or vos ai tant mené et losangié
De Glorïete vos ai ge fors chacié.   884
Des or seroiz de ceste tor bergier ;
Gardez la bien, s'en avroiz bon loier. »
Arragons l'ot, le sens cuide changier ;
Il en apele Sarrazins et paiens :   888
« Or tost as armes, nobile chevalier !

A   873 e. forscné A^2 — 876 V. g'i sui bien A^3 — 877 herbergiez A^3
— 878 dreciez A^3 — 879 entrez A^3 — 885 o. serai d. A^3

B   868 c. vaillant c. — *Après* 868 *aj.* Pierres et peus lor ont aval lancié
— 869 Et li glouton sont aval trebuschié — 870 o. leverschiez
(o. besillié) — 871 Dont le plus fort o. — 872 enragiez (esragié) —
873 a poi n'est marvoiez (est a poi marvoié) — 874 v. haute c. a —
875 l. dant Guillelme — 876 Li quens li dist v. je i suie B^2 —
877 herbergiez B^1 — 878 Or m'aït Diex li glorïeus du ciel — *Après*
878 B^2 *aj.* Et a toi doint et honte et encombrier — 879 O. est G.
B^1B^2 ; entrez B^1 — 880 a crïer — *Après* 880 *aj.* Fil a putain
mauvés glouton prouvé — 883 t. par losenges menez — 884 De G.
ai ore (conquis) le planchier — 885-886 *rempl. par* Or gardez bien
orendroit le tertrier (b. par dehors le terrier) Que ne m'i vie (viegne)
anuis ni (ne) encombrier Se bien le faites donrai vous bon loier —
887 s. cuida c. B^2 — 888 Il commença Sarrazins a huichier B^2 —
889 a. que n'i ait delaié (a. sans point de delaier)

Par force soit li assauz commenciez !
Qui me prendra Guillelme le guerrier
De mon rëaume sera confanonnier ;   892
Toz mes tresorz li ert apareilliez. »
Quant cil l'entendent, si sont joiant et lié ;
As armes corent li cuvert losangier,
Guillelme assaillent et devant et derrier.   896
Voit le li cuens, le sens cuide changier ;
Deu reclama, le verai justisier.

                        XXIX

Or fu Guillelmes corrocié et dolant
Et Guïelin et Gillebert le franc   900
En Glorïete ou il sont la dedenz.
Bien les requistrent cele paiene gent,
Lancent lor lances et dars d'acier tranchanz.
Voit le Guillelmes, a pou ne pert le sens.   904
« Niés Guïelin, qu'alons nos atendant ?
Jamés en France ne serons reperant ;
Se Dex n'en pense par son commandement,
Ne reverrons ne cosin ne parent. »   908
Dist Guïelin o le cors avenant :
« Oncle Guillelmes, vos parlez de neant.
Par amistiez entrastes vos ceanz ;
Vez la Orable, la dame d'Aufriquant,   912
Il n'a si bele en cest siecle vivant ;   (47c)

A   894 omis A^3 — 899 corrociez et dolenz A^3 — 900 E. Guillebert et
    Guïelin l. A^3 — 903 L. l. darz et lences d'a. A^4 — 909 Guïelins
    A^2 — 911 amistié A^2A^3 amitié A^4 — 913 e. ce s. A^4

B   890 P. estrif B^1B^2 ; li estour c. B^2 — 893 l. soit (est) a. — 894
    e. joiant en sont e. — 895 c. pautonnier — 898 r. le glorïeus du
    ciel — 899 courrouciez et dolans — 900 Et Guillebers et Guïelins
    li frans — 901 G. le palés l. — 902 l. requierent c. — 903 l. espiez
    et dars tranchans — 905-906 rempl. par N. G. dist G. li frans
    (quens) Conseilliez moi por Dieu omnipotent Bien voi biax niez
    ne serons repairant — 907 par son digne commant B^1 — 908 Ne
    verrons mais n. B^1 — 907-909 omis B^2 — 910 Oncles G. (O. dist
    il) bien parlez pour (par) noient — 911 amistié B^1B^2 ; entrames
    nous c. B^2 — 913 e. ce s. B^1

Alez seoir delez li sor cel banc,
Endeus vos braz li lanciez par les flans
Ne de besier ne soiez mie lenz ;   916
Que, par l'apostre que quierent peneant,
Ja n'en avrons del besier le vaillant
Qui ne nos cost .xx.m. mars d'argent,
A grant martire a trestoz noz parenz.   920
— Dex, dist Guillelmes, tu m'avras gabé tant
Que par un pou que ge ne pert le sen. »

XXX

Or fu Guillelmes correciez et irez
Et Gillebert et Guïelin le ber,   924
En Glorïete ou il sont enserré.
Bien les requierent Sarrazin deffaé ;
Cil se deffendent com chevalier membré,
Gietent lor perches et les granz fuz quarré.   928
Et la roïne les en a apelez :
« Baron, dist ele, François, quar vos rendez !
Felon paien vos ont cueilli en hez ;
Ja les verroiz par les degrez monter,   932
Tuit seroiz mort, ocis et desmenbrez. »
Ot le Guillelmes, le sens cuide desver ;
Cort en la chambre desoz le pin ramé,
A la roïne se prist a dementer :   936

925 s. erré *corr. d'après* $A^2A^3A^4B^1B^2$

A   914 sor ce b. A^2 sus ce b. A^4 ; *vers omis* A^3 — 915 l. laciez p. A^4
— 916 N. del b. A^2A^3 — 918 a. de b. A^2A^4 — 920 t. vos p. A^4
— 922 A p. $A^2A^3A^4$ — 926 l. requistrent S. A^3A^4 — 928 les *omis* A^4 ;
quarrez A^3A^4 — 930 F. que v. A^3 — 933 desmembré A^4 — 935 c.
desor l. A^3

B   914 sus ce b. — 915 Et de vos bras l'embraciez p. — 916 Et du b.
— 918 e. avroit (avrez) un b. le (si) v. — 919 ne vous coust. C.M.
m. — — 920 Et g. mal traire fera a vos p. — 921 Niez l. G. hui
m. — 922 Q. pour u. (Q. a bien poi q.) — 923 iriez — 924 E.
Gillebers et Guïelins B^1 ; G. ses niez — 926 S. et Esclerz — 928
rempl. par Perres lor getent dont il ont a plenté Que Sarr. les (y)
orent aportez — 932 p. ces d. — 933 e. afolé — 934 G. bien cuide
forssener B^2 — 935 Court vers la dame ne s'i (s'en) volt arrester —
936 A la roïne a pris a demander

« Dame, dist il, garnemenz me donez,
Por l'amor Deu, qui en croiz fu penez ;
Que, par saint Pere, se ge vif par aé,
Mout richement vos iert guerredoné. »   940
La dame l'ot, s'a de pitié ploré ;
Cort en sa chambre, n'i a plus demoré,
A un escrin que ele a deffermé ;
En a tret hors un bon hauberc saffré   944
Et un vert heaume, qui est a or gemé ;
Guillelme encontre le corut aporter.
Et cil le prist, qui tant l'ot desirré ;
Il vest l'auberc, si a l'eaume lacié ;   948
Et dame Orable li ceint l'espee au lé,
Qui fu Tiebaut son seignor, a l'Escler.
Ainz ne la volt a nul home doner,
Nes Arragon, qui tant l'ot desirré,   952
Qui ert ses filz de moillier espousé.   (47*d*)
Au col li pent un fort escu listé
A un lïon qui d'or fu coroné.
El poing li baille un fort espié quarré,   956
A .v. clos d'or le confanon fermé.
« Dex, dist Guillelmes, comme or sui bien armé !
Por Deu vos pri que des autres pensez. »

951 n. le v. $A^1A^2A^4$ *corr. d'après* A^3

A 940 v. ert reguerdoné A^3 — 944 S'en a $A^2A^3A^4$; t. fors u. A^3 —
947 l. prent q. A^2 — 948 s'a le hiaume l. A^2A^4 — 958 armez A^1

B 938 q. fu en croiz p. B^2 — 939 s. Jaque s. B^1B^2 ; se g'en puis
eschaper B^2 — 940 Encore vous iert mout bien g. — 941 o. si
l'en prist grans pitez (grant pité) — 942 C. a la c. qui fu d'antiquité — 943 qu'ele avoit d. B^1 (*vers omis* B^2) — 944 Si en traist hors
un blanc h. s. — 945 gemez B^1 — 946 Au ber G. le courut aprester
— 947 q. mout l. — 948 l'a. lache l'elme gemé — 949 c. le branc
letré — 950 s. mari le dervé — 951 Onc ne l'avoit a n. h. donné
— 952 q. mout l. — 953 *rempl. par* Or l'a donné dant G. au
court nez Si li aida tant qu'il fu adoubez — 955l. qui bien fu pain-
turez (q. fu bien painturé) — 958-959 *rempl. par* D. d. G. biax
(douz) rois de majesté Com par sui ore richement atornez Par cel
Seignor qui maint en trinité (P. celui Dieu q.) Or ne dout mais
paiens un ail pelé Or vous pri dame se il vous vient en gré Mi
compaignon resoient adoubé

XXXI

Quant Guïelin vit adoubé son oncle, 960
Cort en la chanbre a la dame seconde ;
I l'en apele, doucement l'aresonne :
« Dame, dist il, por saint Pere de Rome,
Donez moi armes por le besoing qu'abonde. 964
— Enfes, dist ele, mout es juene personne ;
Se tu vesquisses, tu fusses mout preudome.
De mort te heent li Vavar et li Hongre. »
Vint en la chambre, s'en a tret une broigne ; 968
Cele forja Ysac de Barceloigne,
Onques espee n'en pot maille derompre ;
El dos li vest, mout en fu liez li oncles.
L'eaume li lace Aufar de Babiloine, 972
Au premier roi qui la cité fu onques ;
Onc nule espee nel pot gaires confondre,
Abatre pierre ne flor de l'escharbocle.
Ceint li l'espee Tornemont de Valsone, 976
Que li embla li lierres de Valdonne,
Puis la vendi Tiebaut a Voireconbe,
Si l'en dona .m. besanz et .m. onces,
Qu'il en cuida son fill livrer coronne ; 980

961 l. c. en l. d. *corr. d'après* $A^2A^3A^4$

A 962 Il l'en A^2A^4 — 967 l. Sarrazins e. A^4 — 968 V. a l. A^3 — 976 Cornement A^2A^3, Tornemant A^4 — 977 *omis* A^2 — 978 a Voreconbe A^3

B 960 Guïelins B^1 — 961 Vint a la dame en la sale seconde (d. que Jhesu gart de honte) — 962 Il l'en a. gentement l'a. (Le niés Guill. g.) — 963 pour Dieu qui fist le monde — 964 *rempl. par* D. m. a. que n'i arrestez onques Que li besoins est grans que nous veoumes (voionmes) — 966 v. encore fusses p. — 967 l. paien e. — *Après* 967 *aj.* La gentilz dame ilec plus ne demoure (sejourne) — 968 si en traist u. — 969 Qui fu jadiz Ysac de Barreloigne — 970 e. ne p. B^2 — 971 l. ses o. — 972 l. fais fu en Escalonne — 973 c. fist (fust) o. — 974 Onques n'en pot nule espee c. (O. espee n'en pot nule c.) — 975 f. ni (ne) e. — 976 C. l'espee (Et c. l'e.) Tornevent de Valdone — 977 l. lerres a Marmonde (a Malmonde) — 978 l. vesti Tieb. an Vereconde — 979 m. mars d'or e. — 980 Qu'il en cuidoit Franç. livrer a honte

Au flanc li ceint, dont les renges sont longues.
Au col li met une targe roonde.
L'espié li baille Madame de Valronne ;
Grosse est la hante et l'alemele longue.
Bien fu armez, et Gilleberz adonques.   984
Huimés avra Glorïete chalonge.

XXXII

Bien fu armez Guillelmes et ses niés
Et Gillebert, dont sont joiant et lié.   988
El dos li vestent un fort hauberc doublier ;
El chief li lacent un vert heaume vergié ;
Puis li ont ceint une espee d'acier ;
Au col li pendent un escu de quartier.   992
Ainz qu'il eüst le bon tranchant espié,   (48a)
Felon paien orent tant esploitié
Que les degrez en monterent a pié.
Li cuens Guillelmes vet ferir Haucebier ;   996
Et Gillebert, Maretant le portier ;
Et Guïelin revet ferir Turfier ;
Cil troi ne furent de la mort espargnié.
Brisent les lances des noielez espiez   1000
Que les esclices en volent vers le ciel ;
A lor espees lor convint repairier,
Ja se vorront prover et essaier.

1000 Œessent l. $A^1A^2A^3$ corr. d'après B^1B^2 et C 918

A 983 de Valtoune A^2 de Valconbe A^3 de Valtonne A^4 — 989 u
blanc h. A^4 — 990 l. lace u. A^4 ; h. gemé A^4 — 991 l. a c. A^4 —
992 l. pent u. A^4 — 997 Masetant A^3 — 1000 Œessent A^4 ; l. de
n. A^2A^3

B 981 Li bers le ceinst que n'i arresta onques (la ceint qu'il n'i)
— 982 l. pendent u. — 983-984 *omis* — 985 Et Gillebers refu
armez de bones (E. G. armerent d'armes bonnes) — 986 H. avrons
glorïeuse c. — 987 a. et G. e. B^2 — 988 Et Gillebers si en furent
mout liez — 989 f. escu d. B^2 — 990 l. un (le) v. h. mout chier
— 996 *rempl. par* Voit le G. si en fu aïriez De plains ellais va
ferir Acebier — 997 E. Gillebers (Guillebert) Materain (Materan) l.
— 998 Guïelins B^1 ; f. Tempier — 1000 B. ces l. — 1001 Q. li tronçon e. — 1002 e. revoudrent r. — 1003 v. pener et traveillier

Li cuens Guillelmes tret l'espee d'acier ;   1004
Fiert un paien en travers par derrier,
Ausi le cope comme un rain d'olivier ;
Sus el palés en chieent les moitiez.
Et Gillebert revet ferir Gaifier,   1008
Sus el palés en fist voler le chief.
Et Guïelin ne fu pas esmaié ;
Il tint l'espee, s'a l'escu enbracié ;
Cui il consuit tot est a mort jugié.   1012
Paien le voient, si se sont tret arrier ;
En fuie tornent li cuvert losangier,
Franc les enchaucent, li nobile guerrier ;
Plus de .xiiii. en i ont detranchiez,   1016
Que toz les autres en ont si esmaiez
Par mi les huis les en ont hors gitiez.
François les corent fremer et verroillier ;
As granz chaennes ont le pont sus saichié,   1020
A la tor furent fermé et atachié.
Or en penst Dex qui tot a a jugier !
Voit l'Arragon, le sens cuide changier.

XXXIII

Or fu Guillelmes dolant et correços   1024
Et Gillebert et Guïelin li proz ;
Mout les destraignent cele gent paiennor,

A   1007 S. es p. A^3 S. un p. A^4 ; c. par derrier A^4 — 1008-1009 omis
A^3 — 1010 esmaiez A^3 — 1012 c. est tot a A^4 — 1014 En fuient
t. A^3 — 1015 l. enchacent A^4 — 1016 o. trebuchiez A^3 — 1018
en omis A^4

B   1004 G. traist l. — 1006 Ainsi l. B^1 — 1007 Jus a la terre en chaï
la moitiez — 1008 E. Gillebers feri un pautonnier — 1009 rempl.
par Tel cop li done de l'espee d'acier Loing (Lonc) une lance en
fist voler le chief — 1010 E. Guïelins n. f. mie esmaiez — 1011
I. traist l'e. B^1B^2 ; l'escu a embracié B^2 — 1012 c. a la mort est j.
— 1013 P. les v. B^1 — Après 1013 aj. Nes aprochassent por tot
l'or desouz ciel (o. qu'est souz ciel) — 1014 l. glouton (felon)
l. — 1015 Li franc baron les ont si atiriez (Les .iii. b.) — 1016
Plus de .xl. (Que plus de .c.) — 1017 Et t. B^2 — 1018 h. chaciez
— 1019 c. maintenant v. (F. l. ont maintenant verroillez) —
1020 o. les pons s. sachiez — 1021 Et a la tor fermez et atachiez
— 1022 t. puet justicier — 1024 dolens — 1025 Guillebers et
Guïelins B^1 — 1026 l. destraint c.

Lancent lor lances et dars ovrez a tor,
A maux de fer toz les murs lor deffont.   1028
Voit le Guillelmes, a pou d'ire ne font.
« Niés Guïelin, dist il, quel la ferons ?
Jamés en France, ce cuit, ne revenrons
Ne ja neveu, parent ne beserons.   1032
— Oncle Guillelmes, vos parlez en pardon ;   (48b)
Que, par l'apostre qu'en quiert en Pré Noiron,
Ge me cuit vendre ainz que nos descendon. »
Il avalerent les degrez de la tor ;   1036
Cez paiens fierent sor cez heaumes reonz ;
Toz lor detranchent les piz et les mentons,
Tel .XVII. en gisent el sablon
Li plus halegres ot copé le pomon.   1040
Paien le voient, s'en ont au cuer friçon ;
A voiz escrïent le fort roi Arragon :
« Quar prenez trives, que ja n'i enterron ! »
Arragon l'ot, a pou d'ire ne font ;   1044
Mahomet jure que il le comparront.

XXXIV

Arragons voit les paiens qui se targent ;
Il les apele belement et aresne :
« Fill a putain, gloton, mar i entrastes !   1048

1039 *lire* T. dis et set e. — 1043 ent'rron

A   1027 o. a or A^3 — 1031 ne enterrons A^3 — 1034 e. dit e. $A^2A^3A^4$;
el P. N. A^4 — 1037 f. sus A^3A^4 — 1044 Arragons A^3A^4

B   1027 d. sarrazinors — 1028 Mangons de fer et granz cornus
cailloux — 1029 G. au cuer en ot irour (si en fu mout irous) —
1030 *omis* — 1031 F. je c. B^1B^2 ; n. vertirons B^2 — 1032 Ja ne
neveut ne parent n'en savront (Jamés neveuz cest sourfet ne savront) — *Après* 1032 B^2 *aj.* Ne nostre gent qui ci a Nimes sont
— *Puis* B^1B^2 *aj.* Guïelins l'ot si prist (dist) par contençon — 1033
Oncles B^1 — 1035 Chier m. c. v. ains que passe le jour (que la
nuit veons) — 1036 Lors s'en avalent l. d. contremont (L. se descendent l. d. les barons) — 1037 *rempl. par* Enz es paiens se metent
a bandon Granz cox lors donent sus les elmes amont — 1038 Si
l. — 1039 Tiex .XX. en gisent mors dedesouz la tor — 1040 Tous
li plus sainz ot trenchié le p. — 1041 P. les v. s'en sont en grant
f. — 1042 e. hé frans rois A. — 1043 t. ou j. — 1044 Le roy l'entent a poi de duel ne f. B^2 — 1045 q. chier l. — 1046 s'atargent —
1047 Il les arraisne forment en son langage — 1048 g. de put corage

Jamés de moi ne tendrez fié ne marches ;
Requerez les as plus fieres batailles ! »
Et il si firent, li gloton mescreable ;
Gietent lor dars et lances miserables,   1052
A maus de fer toz les murs lor deffacent.
Voit le Guillelmes, a pou d'ire n'enraige.
« Niés Guïelin, comment le porrons fere ?
Tuit somes mort et livré a damaige.   1056
— Oncle Guillelmes, vos parlez de folaige ;
Que, par l'apostre que l'en requiert en l'arche,
Chier me vendrai ainz que paien me baillent. »
De lor espiez furent les pointes fraites ;   1060
Chascuns d'els trois recovra une haiche
Que lor bailla la gentil dame Orable.
Fors s'en issirent adoubé de lor armes ;
Cez paiens fierent sor ces vermeilles targes ;   1064
Toz lor detranchent les piz et les visaiges,
Plus de .XIIII. en gisent sor le marbre
Qui furent mort et li autre se pasment ;
Ainz par trois homes ne fu fet tel domage.   1068
Voit l'Arragon, a pou d'ire n'enrage.

XXXV

Quant Arragon voit tormenter sa gent,
Lors a tel duel a pou d'ire ne fent.

1063 issisrent *corr. d'après* $A^2A^3A^4B^1B^2$

A 1049 n. marche A^3 — 1050 l. a p. A^2A^4 — 1057 *omis* A^2 — 1058 qu'en quiert e. A^4 — 1061 t. requeuvre A^4 — 1064 f. sus c. A^3A^4 — 1065 l. deronpent l. A^4 — 1066 g. sus l. A^4 — 1068 fez A^3 — 1071 n. font A^4

B 1049 ne marche — 1050 l. n'i faites arrestage — 1051 f. la pute gent sauvage — 1052 Lancent lor lances et dars tranchans et maces — 1053 *omis* — 1054 p. que il n'e. (esrage) — 1055 G. que ferons por S. Jaque — 1056 mors et livrez a hontage — 1057 Oncles G. (Oncle dist il) — 1059 m. quit vendre a. — 1061 C. des t. B^1 ; u. mace B^2 — 1063 F. (Hors) en i. a trestoutes lor armes — 1064 f. sus c. — 1065 e. les corailles — 1066 g. sus l. — 1067 e. autant en bataille B^2 — 1068 fes tex B^1, t. barnage — 1069 p. que il n'e. (esrage) — 1070 v. craventer s. — 1071 d. qu'a poi d. B^2

A clere voiz s'escria hautement :   1072
« Es tu lassus, Guillelmes au cors gent,   (48c)
Filz Aymeri de Nerbone la grant ?
Fai une chose qui me vient a talant :
Lai Glorïete, le palés, en estant,   1076
Et si t'en va et sain et sauf, vivant,
Ainz que tu perdes tes membres et ton sanc.
S'einsi nel fez, mout t'iert mal covenant ;
Par Mahomet en cui je sui creant,   1080
En ceste place feron un ré si grant
Tuit seroiz ars et graïllié leanz. »
Et dist Guillelmes : « Vos parlez de neant.
Assez avrons pain et vin et froment   1084
Et char salee et claré et piment,
Et blans hauberz et vers heaumes luisanz,
Bones espees dont li pont sont d'argent,
Tranchanz espiez et bons escuz pesanz,   1088
Et beles dames por esbanoiement.
N'en partirai nul jor de mon vivant,
Ainz le savra rois Looÿs li frans,
Bernarz mes freres, li chenuz et li blans,   1092
Et d'Anseüne Garin le combatant,
De Commarchis dux Bueves le poissant,
Bertran mes niés, qui est preuz et vaillant,
Que nos lessames a Nymes ça devant.   1096
Chascuns de cels, quant il en a talant,
Puet bien mander .xx.m. combatant.
Quant les noveles en savront voirement
Que assis somes ceanz si faitement,   1100

A 1077 v. s. e. s. et v. A^4 — 1079 i. mar c. A^3 — 1082 g. dedenz A^4 —
1092 e. l. frans A^4 — 1093 E. d'Auconne G. A^4 — 1094 poissanz
A^3 — 1096 N. ci d. A^3 — 1097 C. d'eus q. A^4

B 1073 G. au cors vaillant (G. le vaillant) — 1077 v. sain e. s. et vivant
— 1078 p. les m. ne le s. — 1079 n'en f. B^1 — 1081 E. celle p. f.
u. feu s. — 1082 Tous serez a. n'i avrez nul garant — 1083 p.
pour n. B^1 — 1084 A. avons p. — 1087 e. qui mout bien sont
trenchans (e. qui sont mout bien t.) — 1088 Et rois e. e. fors e. —
1092 f. qui est dux de Brubant B^2 — 1093 Garins li combatans
B^1 — 1094 B. li vaillans — 1095 p. e. aidanz — 1096 N. la dedenz
(N. la devant) — 1098 b. mener .xx.m. combatanz — 1099
s. vraiement — 1100 Q. ceanz somes assiz s. f.

Secorront nos bel et cortoisement,
A tant comme il porront avoir de gent.
Ja voir cez murs ne vos avront garant
Ne cest palés ou l'or luist et resplant ;   1104
Tot le verroiz depecier en mil sens.
Se il te prennent, mout t'iert mal convenant ;
Penduz seras et encroëz au vent. »
Dist Arragons : « Tant serons plus dolant. »   1108
Dist Pharaons, li rois de Bonivent :
« Amirauz, sire, tu ne vaus pas un gant.
Par Mahomet, mout as povre escïent :
Tes peres fu mout preuz et mout vaillant,   1112
Qui te lessa ceste vile gardant   (48d)
Et Glorïete, le palés, ensement ;
Cil troi gloton le te vont chalenjant,
Si ont occis tes homes et ta gent ;   1116
Par Mahomet, ne vaus ne tant ne quant
Quant tu nes ars en feu grezois puant. »

XXXVI

« Faraon, sire, dist li rois Arragon,
Car me donez bon conseil, por Mahom.   1120
Vez Glorïete, le palés et la tor,
Le fondement en est fet trusqu'en son ;
Trestuit li home deci a Moncontor
Pas n'i feroient un pertuis contremont.   1124

A 1102 *omis* A^3 — 1104 N. ce p. A^4 ; o. or l. A^3 — 1105 Toz les v.
A^3 — 1106 i. se p. A^2 — 1108 T. serai p. A^4 — 1111 M. tu a.
A^2 — 1118 Q. nes as ars A^3 — 1120 Que m. A^3 — 1123 a
Montor A^4

B 1101 n. tost et delivrement — 1102 Chascuns a tant com il avra
d. g. — 1103 cil mur B^1 — 1104 N. cis (ce) p. ; o. li ors fins r. —
1105 Verras tu tout d. e. tous s. — 1107 s. ou e. — 1108 *rempl.*
par Arragon l'ot a pou ne pert le sens (p. d' ire ne fent) Dont li a
dit tant serons plus dolant — 1109 D. Faromerz (Pharomez) —
1112 p. est m. — 1113 c. cité g. — 1115 Cist B^2 — 1117 P. M. tu
ne v. tant ne quant (v. poi n. grant) — 1119 Faromer (Pharomet)
s. — 1121 l. p. environ — 1122 Li fondemens e. e. fais jusqu'e. —
1123 Trestout l. h. qui sont jusqu' (si qu') a Laon — 1124 p. en
.xx. jors

Ou, vis deables, se prendroit le charbon ?
Il n'i a broche de fust ne de baston.
Par lor orgueill i sont cil troi gloton,
Devant .VII. anz n'en istront il par nos. »   1128

XXXVII

« Faraon, sire, dit Arragon li rois,
Por Mahomet, de qui tenons noz lois,
Car me donez bon conseil orendroit.
Vez Glorïete, le palés majorois,   1132
Li fondemenz en est fez a rochois ;
Trestuit li home trusqu'as porz de Vanquois
Si n'i feroient un pertuis en un mois.
A quex deables li charbons se prendroit,   1136
Quant n'i a broche de fust ne de lorois ?
Par lor orgueill i sont entré cil troi,
Devant .VII. anz n'en istront il par moi. »
A tant ez vos un paien, Orquanois ;   1140
Noire ot la barbe, si ot chanu le poil
Et blans sorcils, si lor juge lor droiz.
A sa voiz clere s'est escrïez .III. foiz :
« Amirauz, sire, entendez envers moi.   1144
Car me di ore se dè mielz m'en seroit
Se te rendoie Guillelme le François

1127 s. ci t. A^1A^2 *corr. d'après* $A^3A^4B^1B^2$ — 1129 Paraon (P *est
une faute de l'enlumineur* ; f *du copiste est visible dans la marge de
droite*).

A   1125 v. deable A^2A^4 — 1128 e. istroient i. A^4 — 1131 Que m.
A^3 — 1134 jusqu'au A^4 ; Vauquois A^2A^3 — 1136 A quoi deable
l. A^4 — 1137 n. d. loriers A^4 — 1142 j. l. lois A^2 — 1143 e. .I.
f. A^2 — 1145 Que m. A^3, s. rien m. A^3 — 1146 Se je t. A^4

B   1125 Au vif deable ou prenroit li charbons — 1128 n'en isteront
par nous (mes par nous n'en istront) — 1129 Faromer s. — 1130
Par M. — 1131 Paien me donent b. — 1132 p. maginoiz — 1133
f. en rochoi — 1134 dusqu'au puys de Valcois (Valois) — 1135 Il
(Pas) n'i — 1136 A vif deable charbons ou s. (Au vilz d.) — 1137
a fust ne cheville de bois — 1139 i. mes p. B^2 — 1140 p. demanois
— 1141 b. et tout c. — 1142 Les sourcis blanz de Dieu soit maleois
— 1143 c. a escrïé .III. — 1145. Or m. d. o. se bon gré l'en saroiz
(Ore me di s.) — 1146 Qui te rendroit G.

Qu'en ta prison le peüsses avoir. »
Dist Arragon : « Oïl, en moie foi.   1148
.x. muls chargiez de fin or espanois
En liverroie, mes qu'en me deïst voir. »
Dist Orquanois : « Entendez envers moi ;
Se la promesse me rendez orendroit,   1152
G'en penserai, moi ne chaut que en soit. »   (49a)
Dist Arragon : « Einsi le vos otroi ;
Et vos affi loiaument orendroit
Qu'a vo plesir vos bailleroi l'avoir. »   1156
Dist li paiens : « Et ge le vos otroi. »

XXXVIII

Dist Orquanois : « Par Mahomet, beau sire,
Or vos dirai comment l'avroiz par guile.
Vez Glorïete, icele tor mabrine,   1160
Le fondement est assis en principle ;
Si l'estora Grifaigne d'Aumarie,
Uns Sarrazins de mout tres grant voidie.
Ne savez mie quel enging il i firent :   1164
Par desoz terre une volte soltive,
En ton palés est porte coleïce.
Prenez .m. Turs, s'i alez vos meïsmes ;
Par de devant lor fetes assaillie   1168
Et par derriers merveilleuse envaïe.
Morz iert Guillelmes et livrez a martire. »

1150 liv'rroie — 1158 Orquanors A^1A^2 *corr. d'après* A^3A^4

A 1147 Qu' *omis* A^2 ; p. les p. A^3 — 1149 o. esmanois A^4 — 1150
En i metroie A^3 — 1156 baillerai A^2A^3 bailleré A^4 — 1161 Li f.
A^2 — 1166 e. porce colerie A^3 — 1169 m. enhaïe A^4 — 1170 M. est
G. A^4

B 1148 o. la m. — 1149 d. mon o. — 1150 L'en l. m. qu'il m. d. (l. ne
mes que ce fust) — 1151 D. Esquanois e. — 1152 m'en donez o.
— 1153 m. n'en (ne) chaut qui em poist — 1155 *rempl. par* Desus
Mahom que je aour et croi Vous affi je l. o. — 1156 baillerai —
1157 v. rendrai B^2 — 1158 D. Esquanois — 1160 G. la haute t.
B^2 — 1161 Li fondemens B^1 ; a. en pré simple — 1162 e. Grifains
d. (e. dant G.) — 1163 g. boisdie — 1164 s. pas q. — 1165 d. a u.
— 1166 Enz ou palés en vet droit l'uisserie — 1168 Et par desouz
l. — 1169 d. une grant aatie — 1170 M. soit G.

Dit Arragon : « Par Mahomet, voir dites ;
Preu i avroiz, par Apolin mon sire. »   1172

XXXIX

Quant Arragon entendi la novele
Que la bove est desoz lui en la terre,
Lors a tel joie que le cuer li sautele.
Il prent .m. Turs, qui ont lacié les elmes,   1176
Et mil en lesse par devant en la place
Qui assaillirent Guïelin et Guillelme.
Cil s'en tornerent, ne finent ne arrestent,
Trusqu'a la croute ne s'aresterent gaires ;   1180
Avec els portent et cierges et lanternes ;
Enz s'en entrerent la pute gent averse.
N'en sorent mot li chevalier honeste
Desi qu'il furent enz el palés as estres ;   1184
Premierement les aperçut Guillelmes.
« Dex, dist li cuens, beaus glorïeus celestre,
Tuit somes mort et livré a maltrere ! »
Dist Guïelin : « Par le cors saint Hylaire,   1188
Se Dex m'aïst, traï nos a Orable ;
Et Dex confonde la sarrazine geste ! »

XL

Li cuens Guillelmes vit le palés emplir
De Sarrazins qui vienent par aïr,   1192

A   1174 l. bonne e. A^4 — 1175 li cuers A^2A^3 — 1179 Cil si s'en tornent A^2 ; f. ne ne cessent $A^2A^3A^4$ — 1180 Jusqu'a A^4 ; s'arestent
g. A^4 — 1181 et *omis devant* cierges A^4 — 1182 *omis* A^2 — 1187 a
martire A^2A^3 — 1192 Des S. A^2A^3

B   1171 Dist Arragons B^1 ; par ma loy voir vous d. — 1172 p
Mahom le mien sire (M. nostre s.) — 1174 Qu'il avoit voie par dedesouz la t. — 1175 li cuers B^1 ; c. l'en s. B^2 — 1177 d. la torelle
— 1179 Et cil s'en tornent ne f. ne ne cessent — 1180 Jusqu'a la
porte n'i ont il fet arreste (n'i o. point f. d'a.) — 1182 E. en e. B^1 ;
g. diversse — *Après* 1182 *aj.* Dedenz la bove ne targent ne ne cessent
Tresqu'a la tour mie ne s'arresterent (t. que m. n. s'arrestent) —
1184 Jusque i. f. suz ou p. — 1186 c. rois g. — 1187 a deserte —
1188 Guïelins B^1 ; s. Selvestre — 1189 Traïs nous a Orable la pucele
— 1190 Diex confondez l. — 1192 Des S. B^2

Vit les hauberz et les heaumes luisir. (49*b*)
« Dex, dist li cuens, qui onques ne menti,
Com somes mort et livré a essill !
— Par foi, beau sire, ce respont Guïelin, 1196
Traï nos a Orablë au cler vis ;
Et Dex confonde paiens et Sarrazins !
Hui est li jorz qu'il nos convient fenir ;
Aidons nos bien tant comme avons loisir, 1200
Nos n'i avons ne parenz ne amis. »
Li cuens Guillelmes tint le brant acerin ;
Par mautalent vet un paien ferir
Arriere main qu'il le cope par mi. 1204
De celui cop sont paien esbahi,
Seure li corent irié et engrami.
Il se deffendent com chevalier hardi,
Granz cops i donent li conte palazin. 1208
Grant fu l'assaut et grant le chapleïz,
Ainz ne fina si furent desconfit ;
Onc nul estor ne fu si bien feni :
Sus els deffendre ont .xxx. Turs ocis. 1212
Cui chaut de ce ? que ja n'i metront fin !
As mains les prennent paien et Sarrazin,
Tur et Persant et li Amoravi
Et Acopart, Esclamor, Bedouin. 1216
Mahomet jurent que venjance en iert pris ;
Hui vengeront la mort de lor amis.

1208 i done $A^1A^2A^3A^1$; le c. p. $A^1A^2A^4$ *cf. B* — 1214 m. le
p. $A^1A^2A^3A^4$ *cf. B*

A 1196 beau *omis* A^4 — 1204 l. copa p. A^3 — 1207 s. deffent c. A^2
— 1209 g. li c. A^2

B 1193 l. escus e. — 1194 mentis B^2 — 1196 P. f. respont Guiel. li
meschins (P. f. ce dist Guyelin li marchis) — 1197 Ce nous a fait O.
— 1199 Que nous devons f. — 1201 Nous n'avons ci ne parent ne
ami — 1204 Si fierement B^2 ; que le copa p. — 1205 c. maint
paien s'esbahi — 1208 c. i fierent li c. p. (les contes de bon lin)
— 1209 Mout par i fu ruistes li fereïs (M. i parfu) — 1210 Mout
bien s'i preuve G. li marchis — 1211 Ainz (Onc) mes e. ; b. fornis
— 1212 *rempl. par* Li .III. baron qui sont de riche pris Si se
deffendent des brans d'acier forbis Que .xxx. Turs i ont des leur
occis — 1214 *rempl. par* Si les enchaucent paien et Sarr. Pris ont
les contes Diex les puist maleïr — 1215 Tuit (Turc) e. — 1216 Et
Esclavon Acopart B. — 1217 j. vengement e.

XLI

Pris fu Guillelmes par mortel traïson
Et Gillebert et Guïelin li proz.   1220
As poinz les tienent li Sarrazin felon ;
Mahomet jurent que venjance en prendront.
En la cité manderent .xx. garçons ;
Un grant fossé font croser en parfont ;   1224
Assez i metent asteles et bastons,
Qu'il i voloient graïllier noz barons.
Orable vint a la clere façon,
Elle en apele son fillastre Arragon :   1228
« Amis, dist ele, rendez moi ces prisons,
Si les metrai en ma chartre en parfont ;
Boz i a et coluevres qui toz les mengeront
Et serpentines qui les devoreront.   1232
— Dame roïne, dist li rois Arragon,   (49c)
Tot cest contrere nos est venu par vos,
Que la deseure armastes ces glotons.
Ques vos rendra, Mahomez mal li dont ! »   1236
La dame l'ot, a pou d'ire ne font.
« Mal le pensastes, filz a putain, gloton !
Par Mahomet qui ge pri et aor,
Ne m'estoit ore por cez autres barons,   1240
Ge vos dorroie sor le nes de mon poing.

A 1226 v. arder n. A^4 — 1231 Boz et coluevres i a qui les m. A^4 —
1234 T. ce c. A^4 ; venuz A^3 — 1236 Que v. A^3 — 1239 M. que g.
A^3 — 1241 d. sus l. A^4

B 1219 p. itel t. B^2 — *Après* 1219 B^2 *aj.* Com ci devant raconté
nous avon — 1220 Gillebers et Guïelins B^1 — 1223 .x. g.— 1224
Une g. fosse f. caver bien p. — 1225 i misent aisselles e. —
1226 Enz veulent metre dant G. en prison — 1229 ce (cel) prison —
1230 S. la (le) metrai (menrrai) en m. c. parfont — 1231 Il i a
trop couleuvres grant foison (Il i a box et couluevres f.) — 1232
rempl. par Serpens savages qui tuit le mengeront Guivres mordanz
qui le devoreront — 1233 Arragons B^1 — 1234 Tuit cil c. me sont
venuz p. v. — 1235 Qui de vo gré a. — 1237 p. de duel n. B^1 —
Après 1237 *aj.* A sa vois clere hautement li respont — 1238 Mar l.
— 1239 M. que g. — 1240 Se n'estoit o. (Se ne fust o.) — 1241
v. donasse B^2 ; sus l.

Isnelement issez hors de la tor !
Ja plus ceanz mar seroiz a sejor. »
Ele en apele le feilon traïtor :   1244
« Lerres, dist ele, mes les en ta prison,
Tant que Tiebauz revieigne de Valdon
Et Desramez et Golïas li blonz ;
A lor talent en prendront venjoison.   1248
— Ge l'otroi, dame. » dist le roi Arragon.
Guillelme gietent en la chartre parfont
Et Guïelin et Gillebert le prou.
Or vos lerons ester de noz barons ;   1252
Quant leux en iert, assez i revenrons ;
Si chanterons de la gent paiennor.

XLII

Rois Arragons ne s'aseüra mie ;
I prent ses mes, outre mer les envie.   1256
Et cil s'en tornent, ne cessent ne ne finent,
Desi au Rosne ne s'aresterent mie ;
D'iluec avant entrent en lor galie,
Dedenz la nef Maudoine de Nubie.   1260
Couverte fu de soie par mestrie,
Ele ne dote ne orage ne bise.
Traient lor ancre, si drecierent lor sigle,
En mer s'empaignent, s'ont la vile esloignie,   1264

1257 s'en torne ne cesse ne ne fine $A^1A^2A^3$ *corr. d'après* A^4 —
1258 R. ne cesse ne ne fine *corr. d'après* $A^2A^3A^4$

A   1244 le feilon *omis* A^2 — 1246 T. veigne d. A^4 — 1252 Ci v. A^1A^1
A^4 — 1256 Il p. $A^2A^3A^4$ — 1259 Illec a. A^4 — 1260 Mandoine A^1
— 1262 ne *omis devant* orage A^4

B   1242 issiez h. d. ma t. — 1243 *rempl. par* Vous n'i avez la monte
d'une tour (m. d'un ostour) La tour est moie de par mon ancessor
— 1244 *omis* — 1245 *rempl. par* Cuivers dist ele fel traïtres felon Tu
les a pris par mortel traïson Or les veus (veull) metre tous seus en
ta (ma) prison — 1247 G. li lons — 1249 li rois A. — 1250 G. ont
mis e. — 1251 E. Gillebert et Guïelin le blont — 1252 Ici l.
(I. l. a tant des frans barons) — 1253 i. bien i retornerons —
1254 S. conterons d. — 1257 t. s'atargerent mie (t. ne s'atar-
gierent m.) — 1258 Tout droit a Arle sont venuz a complie —
1259 Ilec a. tornent e. — 1261 de (par) si riche mestrise — 1263
si adrecent l. — 1264 o. lor voie aqueillie

Nagent et traient et gouvernent et siglent ;
Bon oré orent, qui droitement les guie.
Il ariverent au port soz Amurdrie ;
Gietent lor ancre, s'ont lor voile beisie.   1268
Es chevaus montent, ne s'aresterent mie,
De chevauchier ne cessent ne ne finent
Tant que il vinrent en la cité d'Aufrique.
Il descendirent en l'ombre soz l'olive   1272
Et en monterent en la sale perrine.   (49d)
Tiebaut troverent et sa gent paiennime ;
Il le salüent en la loi sarrazine :
« Cil Mahomez, qui tot a en baillie,   1276
Il saut le roi Tiebaut d'Esclavonie !
Tes filz te mande, a la chierre hardie,
Que le secores o ta chevalerie.
Pris a Guillelme, ne tel celerai mie,   1280
Filz Aymeri de Nerbone la riche,
Dedenz Orenge, cele cité garnie.
Par tapinaige fu entrez en la vile,
Cuida la prendre si comme il ot fet Nymes,   1284
Et dame Orable volt avoir a amie ;
Mes il ne porent tant fere deablie.
De Glorïete nos fist male partie,
Que o lui l'ot .vii. jorz en sa baillie ;   1288
Ne fust la bove qui soz terre est bastie,
Dont la pierre est sus el palés assise,
Jamés Orable n'eüssiez en baillie,

1268 v. beisiee *corr. d'après* bessie *de* $A^2A^3A^4$ — 1278 h'die

A   1266 Bone ore A^3 — 1267 Amudrie A^2 Aumarie A^3A^4 — 1268
l. voie b. A^2 — 1270 c. ne f. A^4 — 1271 i. viennent e. A^4 — 1273
E. puis m. A^3 — 1274 e. la g. A^4 — 1276 Cist M. A^3 — 1280
n. te c. A^2A^3 nu te A^4 — 1284 c. a f. A^4 — 1289 l. bonne q. A^4
— 1291 e. a amie A^2

B   1265 Au vent siglerent Damediex les maudie — 1266 q. doucement
l. — 1267 Aumarie — 1268 si abatent lor sigle — 1269 m. sors
et bauchans et grises (grilles) — 1273 Puis en m. (P. s'en m.)
— 1275 s. de Mah. leur sire — 1276 Icil Mahom q. — 1277 s.
T. le roy — 1280 G. nel te celerons m. — 1283 En t. iert venus e.
— 1284 p. ainsi com il fist N. — 1286 Mes a lui prendre ot fiere deablie — 1288 Car bien lui tierc l'ot .vii. j. en b. — 1289 l. volte q.
— 1290 l. porte e. ; p. closice — 1291 e. a amie

Vostre moillier qui tant est seignorie.   1292
Mes Mahomez vos en fu en aïe,
Que nos l'avons en la chartre enhermie
Dont il n'istra jamés jor de sa vie ;
A vo talant en iert venjance prise. »   1296
Ot le Tiebauz, si commença a rire ;
Il en apele la gent de son enpire :
« Or tost as armes, franc chevalier nobile ! »
Et il si font, que il ne targent mie ;   1300
Es chevaus montent de Puille et de Rossie.
Quant Tiebauz ist de la cité d'Aufrique,
O lui en mainne les paiens d'Aumarie
Et cels de Suite et ceus d'Esclavonie ;   1304
El chief devant furent .LX. mile.
Trusqu'a la mer ne cessent ne ne finent ;
En petit d'eure furent les nes garnies
De vin, de char, de bescuit, de ferine.   1308
Enz s'en entrerent cele gent sarrazine,
Traient lor ancres, si drecierent lor sigle ;
Li venz s'i fiert, qui droitement les guie,
Entrent en mer, s'ont lor voie acueillie.   1312
Lors oïsiez tant cor, tante buisine,   (50a)
Braient cil ors et cil viautre glatissent,
Cil mul rechanent et cil destrier rechinent,
Cil espervier desus cez perches crïent,   1316

Le vers 1312 est répété au début du f° 50a

A 1292 t. a s. A^4 — 1293 M. nos e. A^3A^4 — 1294 Q. mis l'a. A^3A^4 —
1304 Sutre A^2 Sucre A^3A^4 — 1306 Jusqu'a A^4 ; c. ne f. A^4 —
1310 drecent A^4

B 1292 La gentis dame q. — 1293 M. nous e. — *Après* 1293 *aj.*
Qui en lui croit il ne fet pas folie Aidié nous a la soie vaillantise
— 1294 *rempl. par* Que pris avons G. a grant haschie E mis l'avons
en la chartre enhermie (enermine) — 1296 S'a vo t. n'en est fete
justice — 1300 Et cil B^1 ; que ne s'atargent m. (s'en targent m.)
— 1301 m. d'Espaigne et de Hongrie — 1302 Q. il issi d. l. c. garnie
— 1303 m. la gent de Barbarie — 1304 d. Sur. e. — *Après* 1304 *aj.*
Et ceuls de Persse avec ceus d'Aumarie — 1306 Jusqu'a l. — 1308
De pain d. c. de blé et de f. — 1311 q. durement l. — 1312 A
grant esploi ont l. — 1313 La o. B^2 — 1314 *omis* — 1315 d. hanissent
(Cils muls rechennent et les chevaus henissent)

Bien les puet l'en oïr d'une grant liue.
.VIII. jorz nagierent tant qu'au nuevieme vinrent.
Mes ainz qu'il viegnent a Orenge la riche,
Avra Tiebauz tel duel et si grant ire   1320
C'onques n'ot tel a nul jor de sa vie ;
Quar il perdra sa fort cité garnie
Et sa moillier, Orable l'eschevie.

XLIII

Guillelmes fu en la chartre leanz,   1324
Et Gilleberz et Guïelins li frans.
« Dex, dist li cuens, beau pere roi amans,
Com somes mort et livré a torment !
Dex ! qu'or nel set rois Looÿs le franc,   1328
Bernart mon frere, le chanu et le blanc,
Et d'Anseüne dan Garin le poissant,
De Commarchis Bueves le combatant,
Bertran mes niez, le preu et le vaillant,   1332
Que nos lessasmes a Nymes ça devant,
A tot .XX.M. de François combatant.
De lor secors avrïons mestier grant. »
Dist Guïelin au gent cors avenant :   1336
« Oncle Guillelmes, vos parlez de neant.
Mandez Orable, la dame d'Aufriquant,
Qu'ele secore par amors son amant.
— Dex, dist Guillelmes, tu m'avras gabé tant   1340
Par un petit que le cuer ne me fent. »

A   1318 qu'a rive v. A^4 — 1321 tel *omis* A^4 — 1327 et *omis* A^2 — 1329 Gir. m. A^3 — 1330 E. d'Auconne d. A^4 — 1332 Bertrans A^2

B   1317 B. les oit l'en pres de lieue et demie — 1318 que vint au .IXe. (au nuevisme) — 1319 a. que v. — 1320 T. si grant duel et tel i. — 1322 s. grant (fort) cité antie — 1323 A s. — 1326 D. dist G. biax (vrai) peres rois amans — 1327 tormens — 1328 D. car B^1 ; li r. Loÿs li franz (Loÿs le roy de Frans) — 1329 Bernars mes freres B^1 ; f. qu'est sires de Brubant — 1330 danz Garins li poissanz B^1 — 1331 li combatanz B^1 — 1332 Bertrans B^1 ; li preuz et li vaillanz (qui est preuz et vaillant) — 1333 N. la cit grant — 1334 combatans — 1336 Guïelins B^1 ; a. corage a. — 1337 Oncles G. B^1 — 1341 li cuers B^1

XLIV

Or fu Guillelmes correciez et marriz,
Et Gillebert et li preuz Guïelins,
Dedenz la chartre ou il font male fin.   1344
Endementieres qu'il se dementent si,
Ez vos Orable qui a la chartre vint ;
Ou voit les contes, ses a a reson mis :
« Entendez moi, franc chevalier gentil.   1348
De mort vos heent paien et Sarrazin ;
Il vos pendront anuit ou le matin.
— N'en poons mes, dame, dist Guïelin.
Quar en pensez, franche dame gentill,   (50b)
De ceste chartre que en fusson hors mis !
Vostre hom seroie et jurez et pleviz,
Mout volentiers en rendrai le servis,
Quant vos plera ; gentill dame, merci !   1356
— Voir, dist Guillelmes, ele nos a traï,
Que par lui somes en ceste chartre mis. »
La dame l'ot, si gita un soupir.

XLV

« Seignor baron, dist la cortoise Orable,   1360
Par Mahomet, a tort me metez blame :
En cele tor vos donai ge les armes.
S'en cel palés vos peüssiez combatre

1350 pendron *corr. d'après* A^2A^4

A 1345 Endemantres q. A^4 — 1350 prendront A^3 — 1352 Que e. A^3
— 1353 en *omis* A^4 — 1352-1353 *répétés* A^2 — 1355 v. t'e. A^4 —
1362 *répété* A^2 — 1363 e. ce p. A^4

B 1343 Gillebers B^1 — 1345 s. demente einsi — 1347 Le conte apele
si l'a a reson mis — 1348 Franc chevalier entendez envers mi
— 1349 m. te h. — 1350 Il t'occirront a. — 1354 Vostres s. —
1355 v. vous en r. mercis — 1356 douce dame gentis — 1357
Guill. dist e. B^2 — 1359 o. s'en g. B^2 — 1360 l. roÿne O. B^2
1361 Sus moi metez par Mahom a tort blasme — 1362 Dedenz
ma t. v. d. g. vos a. — 1363 e. ce p. B^2

Tant quel seüst Looÿs li filz Challe   1364
Et danz Bernarz de Breban et li autre
Et Aymeris et vo riche lignage,
Ne le seüssent li glouton mescreable
Tant que il fussent en ceste tor mirable,   1368
Einsi peüssent aquiter ceste marche
Et les destroiz, les guez et les passaiges. »
Dist Guïelin : « Dame, bien en parlastes ;
Se estïons mis hors de ceste chartre,   1372
Vostre hom seroie a trestot mon aaige.
— En moie foi, dist la roïne Orable,
Se ge cuidoie que ma paine i fust sauve,
Que me preïst Guillelmes Fierebrace,   1376
Ge vos metroie toz trois hors de la chartre,
Si me feroie crestïenner a haste. »
Ot le Guillelmes, tot le cuer li esclaire.
« Dame, dist il, ge vos en doing mon gaige :   1380
Ge vos plevis sor Deu et sor saint Jaque
Et sor l'apostre que l'en requiert en l'arche.
— Voir, dist la dame, ge n'en quier autre gaige. »
Ele defferme toz les huis de la chartre,   1384
Et cil s'en issent, qui tant ont vasselaige ;
Mout par fu liez chascun en son corage.

A   1364 s. rois Looys A^3 — 1366 r. barnage A^2 — 1369 a. cele m. A^4
     — 1370 E. l. degrez les destroiz e. A^4 — 1372 e. hors mis d. A^3A^4
     — 1374 l. dame O. A^4 — 1380 d.bon g. A^3A^4 — 1381 sus D. et sus
     s. A^4 — 1382 E. sus l. A^4 — 1384 d. tost l. A^4 — 1385 qui tant *omis*
     A^2

B   1366 E. A. de Nerbone la large — 1367 g. parjurable — 1371 D.
     buer e. — 1372 Se nous estions B^1 ; hors mis d. — 1373 Vostre
     s. en (mes) t. — 1374 l. cortoise dame — 1378 c. en h. — 1379
     tous li cuers B^1 ; li (l'en) soulace — 1380 d. bon g. — 1381 sur (sus)
     D. e. sur (sus) s. — 1382 E. sur (sus) l. — *Après* 1382 *aj.* Se nous
     jetez de ceenz de la chartre (j. dame de ceste c.) Moi et mes homes
     qui somes a (en) malaise Je vous prendrai dame mes qu'il vous
     plaise (p. ne mes que i.) Mout tres grant joie en demena la dame
     — 1383 Certes dist ele je n.. — 1384 Lors defferma t. — 1386
     rempl. par Si les mena ou grant palés de marbre Dedenz la tor les en
     mena en haste

XLVI

Or ot la dame les contes afïez ;
Ele les a de la chartre gitez,   1388
En Glorïete et conduiz et guïez.
Sus el palés sont assis au digner ;
Quant il se furent richement conraé,
La gentill dame les en a apelez :   (50c)
« Seignor baron, envers moi entendez.
Or vos ai ge de la prison gitez,
Sus el palés conduiz et amenez ;
Or ne sai ge comment ert d'eschaper ;   1396
Ce que ge pens vos doi ge bien conter :
Par desoz nos a une bove tel
Nel set nus hom qui de mere soit nez,
Fors mes aieus qui la fist enz chever ;   1400
Desi qu'au Rosne fist la bove percier.
S'eüssiez or un messaige envoié
Bertran le conte et a l'autre barné,
Par desoz terre venist a vos parler,   1404
Ne le seüssent li paien deffaé
Tant que il fussent sus el palés pavé
Et il ferissent des espees des lez,
Einsi porroient la cité aquiter   1408
Et les destroiz et les porz et les guez. »
Et dit Guillelmes : « Dame, c'est veritez ;
Mes ge ne sai ou le mes soit trovez. »

A 1389 c. e. menez A^4 — 1400 f. achever A^4 — 1407 E. si f. A^2A^3
A^4 — 1411 o. vos le mes trovez A^3

B 1387-1389 *rempl. par* G. est de la chartre jetez La franche dame
si les en a menez Car li quens a a la dame affié Qu'il la penroit a
mouillier et a per La bone (franche) dame qui tant ot de bonté En
Glorïete les en a droit menez — 1393 b. par amour e. B^2 — 1395
En mon p. B^1B^2 ; aconduis et menez B^1 — 1397 p. des or vous
veull c. B^2 — 1398 u. cave t. — 1399 Ne la set hom q. B^2 —
1400 F. mon ayol B^2 ; q. ja la fist c. — 1401 Deci au R. fist il la
cave aler — 1402 *rempl par* S'eüssiens (S'eüssiez) or un messagier
privé Qui l'alast dire vos homes et conter — 1403 e. tout l'a. —
1405 l. glouton parjuré — 1406 Jusque i. f. sus (haut) e. — 1407
Et puis f. de l'espee du lez (lé) — *Après* 1407 *aj.* Sus celle gent
que je ne puis amer — 1408 c. conquester — *Après* 1409 *aj.* Et le
païs environ de tous lez — 1410 E. dist G. (Guill. dist) — 1411 li mes

XLVII

« Niés Guïelin, ce dit li cuens Guillelmes,   1412
Desi a Nymes ne fines ne ne cesses ;
Bertran ton frere me diras cez noveles
Qu'il me secore o la gent de sa terre.
— Oncle Guillelmes, dist Guïelins, chaeles !   1416
Si m'aïst Dex, vos parlés de granz beffes ;
Que, par la foi que doi a saint Estiene,
Mielz voil morir en iceste tor bele
Qu'en douce France ne a Es la Chapele. »   1420

XLVIII

« Niés Guïelin, dist Guillelmes li frans,
Tu enterras en la bove leanz,
Desi a Nymes ne t'iras arestant,
Si me diras le palazin Bertran   1424
Qu'il me secore tost et isnelement.
— Oncle Guillelmes, vos parlez de neant.
Ne vos leroie por les membres perdant ;
Mielz vueill morir en ceste tor ceanz   1428
Qu'en douce France ne entor mes parenz.
Envoiez i Gillebert le Flamenc.
— Iras i, frere ? » dit Guillelmes le franc ;
Et dist li bers : « Ge irai voirement   (50d)
Et le mesaige vos ferai lealment.
— Va dont, beau frere, a Jhesu te commant ;

A 1413 f. ne c. A^4 — 1417 v. parlez $A^2A^3A^4$ — 1418 q. je doi s. A^4 — 1422 Tu t'en iras e. A^4 — 1429 F. et e. A^2A^3 — 1432 E. dit Gilebert g'i irai v. A^4

B *Après* 1412 *aj.* Tu t'en iras par la cave souz terre — 1414 tel nouvele — 1415 s. geste B^1 — 1416 Oncles B^1 ; d. G. a certes — 1417 p. comme beste — 1418 Car p. l. f. que je doi s. E. (q. doi le roy celestre) — 1419 e. ceste tor ci bele (e. c. grant tour b.) — 1422 Tu t'en iras par la cave leanz — 1423 Tresques a. B^2 — 1426 Oncles B^1 — 1427 Ne vous lerai pour estre mort gesant B^2 — 1429 n. entre m. — 1431 i sire d. ; li (le) frans — 1432 Dist Gillebers j. — 1433 f. lïement — *Après* 1434 *aj.* Que te ramaint sain et sauf et vivant

Si me diras le palasin Bertran
Qu'il me secore, ne voist ja atardant ;   1436
Ou se ce non, par Deu le roi amant,
Ne verra mes Guillelme son parent. »

XLIX

Quant li mes ot qu'il li convient aler,
Adont se prent forment a dementer   1440
Comment il puisse de leanz eschaper :
« Quar n'i fui onques ne ne sai ou torner. »
Et dit la dame : « Ge te cuit bien guïer ;
Ne douteras home de mere né   1444
Fors seulement Jhesu de majesté. »
Lez un piler fist un carrel bouter,
Une grant toise ot de lonc et de lé.
« Frere, dist ele, par ci poëz entrer ;   1448
El chief de la troveras .III. pilers,
A ars voluz furent fet et ovré. »
Et cil s'en torne, si commence a errer,
Il ne sout ou, par desoz la cité.   1452
Li cuens Guillelmes le convoia assez
Et dame Orable et Guïelin le ber ;
Onc ne finerent desi as .III. pilers.
Par le moien s'en est outre passez,   1456
Et vient au Rosne, s'a un batel trové ;
A l'aviron se naige outre soëf.
Li cuens Guillelmes est arriers retorné
Et Guïelin et Orable au vis cler ;   1460

A 1439 i. le covint a. A^2A^4 i. le convint a. A^3 — 1449 t. .II. p. A^4 —
1450 a. voltiz A^2A^3 — 1453 G. les c. A^3 — 1455 d. a A^2 — 1459
e. arriere torné A^4 — 1460 Guïelins A^3

B 1435 Tu me d. au p. — 1436 ne se (s'en) voist a. — *Après*
1438 *aj.* Cel au court nez que il par aime tant Or verrai je par le
mien escïent S'il est de moi veoir point desirant Sire dist il je
ferai vo talent — 1439 m. voit q. — 1440 s. prist f. — 1442 n. n.
sarai trouver — 1443 E. dist l. d. (La dame dist) ; b. mener —
1444 N'en douteroie h. — 1446 c. lever — 1448 c. i puez aler
— 1450 a. voltis sont fet et compassé — 1451 E. cis B^1 — 1454
Guïelins li bers B^1 — 1455 Ainz n. f. jusqu'aus autres p. (Onc
n. f. si ques a .III. p.) — 1456 Trestout par mi s'e. — 1457 E.
vint a. — 1458 Au navïron s'en est outre passez — 1459 retornez B^1
— 1460 Guïelins B^1

En Glorïete en sont tuit troi entré.
Mielz lor venist qu'il s'en fussent torné,
Enz en la chartre descendu, avalé,
Qu'il n'ont fet chose ne dit ne devisé   1464
C'uns Sarrazins n'ait trestot escouté ;
Roi Arragon le vet dire et conter.

L

Li Sarrazins fut mout mal vezïez,
Roi Arragon le vet dire et noncier.   1468
Quant il le vit, si l'en a aresnié :
« Amirauz, sire, fetes pes, si oiez
De vo marrastre comment a esploitié
Vers les chetis qu'en prison avïez :   (51 a)
Ele les a de la chartre gitiez,
Sus el palés et conduiz et guïez ;
En Glorïete sont assis au mengier. »
Dist Arragon : « Dis tu voir, mesaigier ?   1476
— Sire, dist il, ne sui pas mençongier.
Ge les i vi a estrait conseillier
Et un et un acoler et besier.
Plus les aime ele, et Guillelme au couchier,   1480
Que vostre pere ne le roi Haucebier. »
Arragons l'ot, le sens cuide changier ;
Il en apele Sarrazins et Escler :

1468 Rois A. *corr. d'après* $A^2A^3A^4B^1B^2$ — *Au bas de* 50d *vers*
les chetis *comme réclame* — 1476 dist *avec* t *exponctué*

A   1464 d. n. demandé A^4 — 1465 a. tot e. A^4 — 1468 e. conter A^2
— 1469 i. l'entent s. A^3 — 1470 s. m'oëz A^2A^4 s. m'o. A^3 —
1478 l. si v. A^3 ; a estroit c. $A^2A^3A^4$ — 1480 G. au cors fier A^4
— 1482 *omis* A^2

B   1461 G. s'en — 1462 qu'il fussent retorné — 1463 Enz (Et) e. l. c. se
fussent a. — 1466 A Arragon l'avoit dit et conté — 1467 L. S.
par fu mout (trop) nouvelierz — *Après* 1467 *aj.* De ce qu'il oit ne
s'est mie oublïez (De quoi *sur espace gratté* ne s'e. pas o.) — 1469
l. voit si l'en a a. (v. tantost l'a a.) — 1470 s. m'o. — 1472 Qui l.
B^1B^2 ; que e. p. aviez B^1 — 1473 l. prison g. B^1 — 1475 a disner
B^2 — 1476 v. bacheler B^2 — 1477 mençongiers — 1478 Je les
vi ore mout estroit c. — 1479 u. a u. — 1480 Plus ameroit G.
a son c. — 1481 r. Acibier — 1483 Sarr. et paiens (S. sans targier)

« Baron, dist il, sor ce me conseilliez   1484
Com faitement ge porrai esploitier
De ma marrastre qui tant m'a avillié,
Moi a honni, mon pere vergoignié. »

LI

Dist Arragon : « Franc chevalier membré,   1488
Por Mahomet, vos armes tost prenez !
Qui sera ore as garnemenz livrer,
Ainz ques aions sera chier comparé. »
Et cil responent : « Si com vos commandez. »   1492
.xv.m. home s'en corent adouber.
Dex ! quel damage quant Guillelmes nel set
Et dame Orable et Guïelin le ber ;
En Glorïete ou furent a celé,   1496
As eschés jeuent, tuit sont asseüré ;
N'en sorent mot li conte naturel
Quant sor els vinrent Sarrazin et Escler.

LII

Arragon trueve Guillelme soz le pin   1500
Et dame Orable et le preu Guïelin ;
N'en sorent mot li conte palasin
Qu'as poinz les prennent paien et Sarrazin,
Tur et Persant et felon Bedoïn.   1504
Mahomet jurent venjance en sera pris ;

1489 a. toz p. $A^1A^2A^4$ corr. d'après $A^3B^1B^2$

A 1484 i. sus c. A^4 — 1489 Par M. A^3 ; Mahon A^4 — 1490 livré A^3
— 1493 h. se c. A^2A^3 — 1494 d. que G. A^4 — 1499 Q. sus e. A^4
— 1500 s. un p. A^3 — 1503 Qu'a p. A^2 Qu'au mains le p. A^4

B 1484 B. fet il savez moi conseillier — 1486 q. mout m. — 1487 p.
a v. — Après 1489 B^2 aj. Trahiz nous a dame Orable au vis cler
— 1490 o. des gloutons deffaez — 1492 r. vous dites verité —
Après 1492 aj. A ces paroles se sont paien armé — 1493 Bien
.xv.m. s'en sont tost adoubé — 1494 d. que G. — 1495 li b.
B^1 — 1496 o. il sont a. — 1497 As ostez j. B^1 — 1499 Q. suz e.
vienent S. — 1503 Quant les saisirent li cuivert de put lin — 1505
j. quelz meteront a fin (j. qu'il les metront a f.)

Dist Faraons, qui se fet li plus fins :
« Enmirauz, sire, entendez envers mi.
Tiebauz tes peres si est preuz et gentis,   1508
Qui te lessa ceste vile a tenir
Et Glorïete, le palés seignori ;
Icist glouton i ont chalonge mis,
Morz ont tes homes, detranchiez et ocis ;   (51b)
Par Mahomet, ne vaus un romoisin
Se ne lor fez toz les menbres tolir ;
Et ta marrastre, qui si nos a honi,
Refai ardoir et en un feu broïr. »   1516
Dist Esquanors, li velz chenuz floriz :
« Rois Faraon, n'avez mie bien dit. »

LIII

Dist Esquanor, li chenuz et li vielz :
« Roi Faraon, n'avez pas bien jugié.   1520
Ne devez mie folie commencier ;
Tiex la commence ne la puet abessier.
Amirauz, sire, fetes pes, si m'oïez.
Tiebauz tes peres est mout bien afetiez.   1524
Qui te lessa ceste vile a garder
Et Glorïete, le palés et le fié ;
S'einsi estoit qu'ardissiez sa moillier,
Tost s'en seroit envers vos correciez.   1528
Mes fai cez contes en ta prison gitier
Et dame Orable avec els trebuchier ;
Prenez vo mes, outre mer l'envoiez.

A 1506 D. Arragons q. A^2 — 1509-1524 *omis A^4 par suite d'un bourdon* — 1513 u. moresin A^3 — 1515 s. vos a. A^3 — 1519 viez A^3

B 1506 s. fist plus hardi — 1507 e. a mes dis — 1511 Icil g. — 1512 Il o. — 1513 v. .II. rommoisins B^2 — 1516 Ne fais a. B^1 — 1517 D. Asquanois li viex et li flouris — *Après* 1518 *aj.* Diex gart les contes Jhesus de paradis — 1519 D. Asquanois ; viez — *Après* 1521 *aj.* Ne ne devez la guerre encommencier (g. souhaucier) — 1522 c. qui n'en p. B^1 — 1524 m. bons chevaliers — 1525 a baillier — 1526 p. enforcié — 1528 T. en s. — 1529 p. lencier — 1530 O. avecques t. — 1531 Puis fais un mes outre mer envoier

Venra tes peres et li rois Haucebier,   1532
A lor talent se seront tost vengié. »
Dist Arragon : « Mout avez bien jugié ;
Preu i avroiz que de riens n'i faudrez.
Mes le mesaige ai ge ja envoié   1536
Au roi mon pere qu'Aufrique a a baillier ;
Trusqu'a .VIII. jorz resera ci arrier. »
Guillelme font en la chartre gitier
Et Guïelin, qui preuz fu et legier,   1540
Et dame Orable avec els trebuchier.
Or en penst Deu qui tot a a jugier !

LIV

Or fu Guillelmes trebuchiez en la chartre
Et Guïelin et la cortoise Orable ;   1544
Sovent se claime maleüreuse lasse :
« Dex, dist la dame, beau pere esperitable,
Que n'a baptesme receü ceste lasse ?
Gel cuidai prendre et estre en Deu creable.   1548
Sire Guillelmes, mar vi vostre barnage,
Vostre gent cors et vostre vasselaige,
Quant por vos sui gitee en ceste chartre,
A tele angoisse comme fust par putage. »   (51c)
Dist Guïelins : « Vos parlez par folage.
Vos et mes oncles estes ore en grant ese ;
Par grant amor devez or cest mal trere. »
Ot le Guillelmes, a pou d'ire n'enrage,   1556
Par maltalent en a juré saint Jaque.

A 1538 Jusqu'a A^4 ; jorz *omis* A^3 — 1539 c. lancier A^3 (*avait d'abord écrit* gitier, *puis l'a exponctué*) — 1553 p. de f. A^1 — 1555 o. ce m. A^4

B 1532 Voist a ton pere et au roi Acibier — 1533 t. s'en s. — 1534 D. A. bien fet a otroier — 1535 a. s'en serez bien paiez — 1536 M. li (le) messages (message) que j'avoie e. — 1538 Dusqu'a (Dedens) .VIII. j. seront il (ci) repairié. — *Après* 1538 *aj.* A ces paroles n'i ont plus delaié — 1539 c. lancier — 1541 O. avec enz t. (O. font avoec t.) — 1542 O. les gart Diex — 1546 D. d. Orable biaus p. (Et dist la dame douz p.) — 1547 Quant recevra baptesme c. — 1552 A tel honte com ce f. por p. — 1553 Guïelyn dist v. B^2 ; p. de f. — 1555 d. cest ennuy t. B^2 — 1556 p. que il n'e.

« Se n'estoit or por honte et por viltage,
Ge te dorroie une colee large. »
Dist Guïelins : « Vos ferïez folage.   1560
Huimés dirai, ne me chaut qui le sache,
L'en soloit dire Guillelme Fierebrace,
Or dira l'en Guillelme l'Amïable :
En ceste vile par amistié entrastes. »   1564
Ot le li cuens, s'enbronche le visage.

                        LV

Or fu Guillelmes dolanz et correciez
Et dame Orable et Guïelin ses niés
Dedenz la chartre ou il sont trebuchié.   1568
« Dex, dist li cuens, glorïeus rois del ciel,
Com somes mort, traï et engignié !
Par quel folie fu cist plez commenciez
De quoi nos somes honi et vergoignié,   1572
Se cil n'en pense qui tot a a jugier !
Las ! qu'or nel set rois Looÿs le fier,
Bernarz mes freres, li chanuz et li velz,
Et d'Anseüne dans Garins li proisiez,   1576
Et dedenz Nymes Bertran li enforciez ;
De lor secors avrïons nos mestier.
— Oncle Guillelmes, dist Guïelin le fier,
Lessiez ester, que ice n'a mestier.   1580
Vez ci Orable, la cortoise moillier ;

1569 d. la dame g. $A^1A^2A^3A^4B^1B^2$ *corr. d'après* C 1764 *et* D
1242

A 1561 n. m'en c. A^3 — 1565 s'enbroncha A^2 — 1575 vielz A^2
viez A^3 vieuz A^4 — 1577 Et *omis* A^4

B 1560 G. voir vos feriez f. B^1 — 1562 On s. B^2 — 1563 G. l'Amou-
rable — 1564 Par amistié en ceste vile e. — 1565 Oit le G. B^1B^2 ;
s'e. son v. B^2 — 1566 O. est G. — 1567 Guïelins B^1 — 1568 s.
herbergiez — 1569 d. la dame vrais glorïeus d. c. (d. glorïeus
roy d. c.) — 1570 e. vergoignié — 1571 f. cis (ce) p. — 1572 Dont
nous seromes (serons) honni et perillié — 1573 S. cis B^1 ; a baillier
— 1574 s. Loëys le guerrier — 1575 B. li quens l. c. e. li vez (B. li
dux qui de Bruban est chiés) — 1578 s. eüssiens bien m. — 1579
Oncles B^1 ; li fiers B^1 — 1580 e. tout i.

Bien la poëz acoler et besier,
Plus bele dame ne demant ne ne quier.
— Dex, dist li cuens, ja serai enragiez ! »   1584
Paien les oënt en la chartre tancier,
Plus de .XL. s'en i sont eslessié
Qui les .II. ont de la chartre gitié ;
Orable i lessent, la cortoisse moillier.   1588
El palés mainent et l'onclë et le niés.
Dist Pharaons, qui se fesoit plus fier :
« Amirauz, sire, faites pes, si m'oiez.
Tiebauz tes peres si fet mout a proisier,   (51d)
Qui te lessa ceste vile a baillier
Et Glorïete, le palés et le fié ;
Vez cel glouton, cel juesne bacheler,
Riens que tu dies ne prise un seul denier.   1596
Par Mahomet, ne vaus pas un berchier
Se ne li fez toz les menbres tranchier,
Lui et Guillelme son oncle, le guerrier. »
Guïelins l'ot, le sens cuide changier ;   1600
Les denz rechine, s'a les eulz reoillié ;
Et passe avant quant se fu rebracié,
Le poing senestre li a mellé el chief,
Hauce le destre, enz el col li asiet,   1604
L'os de la gueule li a par mi brisié,
Mort le trebuche devant lui a ses piez.
Voit le Guillelmes, s'en est joianz et liez.
« Dex, dist li cuens, qui tot as a jugier,   1608
Com somes mort et a essil baillié ! »

1590 D. Pharïens $A^1A^2A^4$ *corr. d'après* B^1B^2 *et* 1610 — 1601 e
de reoillié *est en surcharge à une lettre qui semble être* a

A 1586 s'en issent e. A^2A^4 en issent e. A^3 — 1589 et *omis devant*
oncle A^4 — 1590 Pharïes A^3 — 1595 V. ce g. ce j. A^4 — 1602 f.
enbracié A^2

B 1583 d. nus demander ne quiert (n. ne doit souhaidier) — 1584
d. G. j. (d. G. com or puis esragier) — 1586 s'en issent e. —
1587 c. sachiez B^2 — 1589 Ou p. montent li oncles et li niez (El
p. monte et Guill. et son n.) — 1590 s. fist le p. B^2 — 1594 p.
droiturier — 1595 v. ce g. ce j. B^2 ; j. pautonnier — 1596 ne la
prise un d. — 1599 e. son oncle G. l. — 1601 L. d. estraint les iex
a roeilliez — 1602 q. il f. — 1605 p. m. froissié — 1607 s'e. fu —
1609 m. traï et engignié

LVI

Guillelmes vit Pharaon qui chaï.
« Dex, dist li cuens, beaus rois de Paradis,
Com somes mort et livré a essill !   1612
— Ne t'esmaier, oncles, dist Guïelin,
En cest palés n'estes pas sanz amis.
— Voir, dist Guillelmes, il en i a petit. »
Dont se regarde li enfes Guïelin,   1616
Une grant hache lez un piler choisi ;
Il passe avant, a .II. mains la sesi,
Et vet ferir un paien barbarin,
Tot le porfent entresi que el piz.   1620
Voit l'Arragon, le sens cuide marrir ;
A voiz s'escrie : « Prenez les, Sarrazin !
Par Mahomet, il seront malbailli,
Et enz el Rosne et balancié et mis. »   1624
Dist Guïelin : « Glouton, tornez de ci !
Vos nos avez hors de la chartre mis,
Sus el palés aconduis et aquis ;
Mes, par l'apostre qu'a Rome est beneïz,   1628
Tiex compaignons i avez acueilliz
Qui vos feront correciez et marriz. »
A ces paroles ez vos .II. Sarrazins ;
Une portee aportoient de vin,   (52a)
Sus el palés en voloient servir ;
Mes quant il virent les ruistes cops ferir,
En fuie tornent, si lessent tot chaïr.
Li cuens Guillelmes vet le tinel sesir,   1636

1622 P. le S. *A¹A²A³A⁴corr. d'après B¹B²*

A   1614 E. ce p. *A⁴* ; s. ami *A⁴* — 1627 e. mis *A⁴* — 1633 Ens e. p. ou
v. *A²* ; servir *omis A²*

B   1610 G. voit P. — 1611 c. douz r. *B²* — 1613 Guïelins — 1615 Diex
d. li quens j'en i ai mout p. — 1616 Guïelins *B¹* — 1617 Voit une
hache lez un piler marbrin — 1619 Ferir en vet un p. *B²* — 1620
Il l. *B¹B²* ; p. du chief si ques el piz *B²* — 1621 A. du sens cuida
issir — 1622 s *omis devant* escrie — 1623 M. ja s. — 1624 e. jeté
et flati — 1625 Gu elins *B¹* — 1627 p. et conduis e. (p. de vo
gré aconduis) — 1628 a. que quierent pelerin — 1631 .II. Beduïns
B² — 1632 Un grant bous a. — 1635 s'ont tot lessié cheïr — 1636
v. les barilz s. *B¹*

Isnelement o les .II. mains le prist,
Granz cops en done paien et Sarrazins ,
Cui il consuit ne puet de lui joïr.

LVII

Or fu Guillelmes enz el palés pavé   1640
Et Guïelin ses niés, li alosez.
L'un tint la hache, l'autre tint le tinel ;
Granz cops en donent li vassal naturel.
.XIIII. Turs lor i ont morz gité   1644
Et toz les autres lor ont si effraé
Par mi les huis les en ont hors gité ;
Puis les corurent verroillier et serrer,
A granz chaenes ont le pont sus levé.   1648
Voit l'Arragon, le sens cuide desver ;
Il en apele Sarrazins et Escler :
« Conseilliez moi, por Mahomet mon dé !
Icil Guillelmes malement m'a mené,   1652
Qui m'a tolu mon palés principé.
Or ne voi ge mes neant de l'entrer ! »
Ci vos lerons des Sarrazins ester ;
De Guillebert devons huimés chanter,   1656
Le mesagier qui le Rosne a passé.
Monte les tertres, s'a les vaux avalé,
Desi a Nymes ne s'est mie arresté.

1644 i ont lor *avec indication de déplacement*

A 1637 o ses .II. A^4 — 1638 poiens A^4 — 1641 Guïelins A^2A^4 —
1642 L'uns A^2 ; l'autres A^2 — 1646 en *omis* A^4 — 1647 e. fermer
A^2 — 1651 Mahon A^4 — 1655 l. de S. A^4 — 1659 e. pas a.
A^4

B 1637 I. a ses .II. — 1638 paiens — 1639 ne pot B^2 ; de mort garir
— 1640 G. sus e. — 1641 E. Guïelins B^1 ; son neveu l'alosé B^2 —
1642 L'uns tient la h. li autres le t. (L'un tint l. h. et l'autre le t.)
— 1643 e. fierent l. B^2 ; li baron n. — 1645 a. ont il s. — *Après*
1646 *aj.* Quant il sont hors G. li membrez (Q. furent h.) — 1647
Courut les huis verrouillier et fermer (barrer) — 1648 As g. —
1649 A. bien cuide forssener B^2 — 1650 Esclers — 1652 Icis G. ;
m'a malement m. — 1653 m. chastel p. — 1654 O. n'i v. — 1656
h. parler (G. redevons bien parler) — 1657 R. ot p. — 1659
Dusques a (Jusques a) ; s'est il arrestez (s'estoit arresté)

Li cuens Bertran s'est par matin levé,   1660
Monte el palés Otran le deffaé
Qu'il ot conquis par sa ruiste fierté.
As granz fenestres s'est li cuens acoté ;
Il regarda contreval le regné ;   1664
Vit l'erbe vert et le rosier planté,
Et l'orïol et le melle chanter.
Lors li remenbre de Guillelme au cort nes,
De Guïelin son frere, l'alosé ;   1668
Mout tendrement commença a plorer,
Or les regrete com ja oïr porrez :
« Oncle Guillelmes, tant feïs foletez,
Quant en Orenge alas por regarder,   (52b)
Com pautonnier einsi atapiné ;
Guïelin frere, com vos estïez ber !
Or vos ont mort Sarrazin et Escler.
Ge sui toz seus en cest païs remés,   1676
Si n'i voi home de mon grant parenté
A cui je puisse bon conseill demander.
Or revenront ceste part li Escler
Et Goulïas et li rois Desramez   1680
Et Clarïaus et son frere Acerez
Et Aguisanz et li rois Giboëz
Et li aufins de Rëaumont sor mer,
Li rois Eubrons et Borreaus et Lorrez   1684
Et Quinzepaumes et ses freres Gondrez,
Li .xxx. roi qui d'Espaigne sont né.

1670 Or le grete A^1 Or le regrete $A^2A^3A^4B^1B^2$ corr. d'après 1707
— 1677 hom $A^1A^3A^4$ corr. d'après $A^2B^1B^2$

A   1660 levez A^3 — 1663 acotez A^3 apoié A^4 — 1664 I. regarde A^4 —
1672 en omis A^4 ; p. esgarder A^4 — 1676 e. ce p. A^4 — 1683 l.
daufins d. A^4 — 1684 r. Enbrons $A^2A^3A^4$; e. B. e. Borrez $A^2A^3A^4$

B   1660 B. iert p. B^1B^2 ; levez B^1 — 1661 rempl. par M. e. p. que il ot
conquesté Qui fu Otran le paien deffaé (sourcuidé) — 1662 Conquis
l'avoient par lor r. f. — 1663 s'estoit il acoutez (s'iert Bertran
acouté) — 1665 Voit B^1B^2 ; e. maint r. B^2 — 1670 si com o. B^2
— 1671 G. grant (tu) f. foleté — 1672 Q. ja (a) O. alastes esgarder
— 1673 p. fustes a. — 1677 S. ne v. — 1678 p. mon c. (p. nul
c.) — 1679 O. revendra rois T. li E. — 1681 Quarriaus d'Orenge
ses freres A. (O. et son frere A.) — 1682 omis — 1684 L. r. Embrons
e. B. e. Bomez

Chascuns avra .xxx.m. adoubé ;
Si m'assaudront a Nymes la cité,   1688
Si me prendront par vive poësté ;
Ge serai mort, ocis ou afolé.
Mes d'une chose me sui ge porpensé :
Ge ne leroie por l'or de .x. citez   1692
Que je ne voise el regne dont fui nez,
Si remenrai avec moi mon barné
Que amena Guillelmes au cort nes.
Quant ge venrai a Paris la cité,   1696
Ge descendrai au perron noielé ;
Venront encontre serjant et bacheler,
Qui de Guillelme me vorront demander,
De Guïelin mon frere, qui est ber.   1700
Hé ! las, dolent, n'en savrai que conter,
Mes qu'en Orenge les ont paien tüez. »
.ii. foiz se pasme sor le mabrin degré,
Quant le barnage le corut relever.   1704

LVIII

Li cuens Bertrans fu mout grains et dolanz
Por Guïelin et Guillelme le franc ;
Il les regrete bel et cortoisement :
« Oncle Guillelmes, tant feïs folement,   1708
Quant en Orenge alas si faitement,
Com pautonnier en atapinement ;
Guïelin frere, com vos estïez franc !
Or vos ont mort Sarrazin et Persant.   (52c)

A   1688 Et m. A^2 — 1693 d. sui n. A^4 — 1709 si *omis* A^3

B   1687 d'adoubez B^1 — 1688 a ceste grant c. B^2 — 1689 Et m. —
1690 Lors s. B^2 ; o. et a. — 1691 M. je me sui d'une chose apenssez
(avisé) — 1693 Que a Orenges ne voise remirer — 1694 S. en menrai ;
m. cest b. — 1695 a. danz G. li bers — 1696 Se je raloie en France
le regné — 1697 Je descendroie au perron du degré — 1698 A
moi venroient s. — 1699 G. voudroient d. — 1700 f. l'alosé —
1701 s. rienz c. — 1702 q. a O. — 1703 *rempl. par* Lors ot tel
duel li gentis bachelers (le vaillant bacheler) .ii. fois se pasme
sus le marbre listé — 1704 li barnages B^1 ; l. court sus r. — 1706
G. les franz — 1707 andoi piteusement B^2 — 1708 Oncles G. tant
(mout) erras f. — 1709 Q. a O. — 1710 c. pautonnierz B^1 ; t'alas
atapinant — 1711 c. estïez vaillant

Ge sui toz seus el regne des paiens,
N'ai ovec moi ne cosin ne parent.
Or revenra rois Tiebauz d'Aufriquant
Et Desramez et Goulïas le grant,   1716
Li .xxx. roi o lor efforcement ;
Si m'assaudront a Nymes ci devant,
Ge serai morz et livrez a torment.
Mes, par l'apostre que quierent peneant,   1720
Ge ne leroie por les menbres perdant
Que ge n'en aille a Orenge la grant,
Si vengerai le duel et le torment
Que Sarrazin ont fet de noz parenz.   1724
Hé ! las, chetis, que vois ge atendant
Que ge mon cors ne lor met en present ? »

LIX

Li cuens Bertrans fu dolanz et plains d'ire.
Endementiers que il pleure et sopire,   1728
Ez Gillebert qui entra en la vile,
Les degrez monte de la sale perrine.
Voit le Bertrans, si commença a rire ;
A sa voiz clere hautement li escrie :   1732
« Bien vieigniez vos, franc chevalier nobile !

1721 nel leroi *corr. d'après* $A^2A^3A^4B^1B^2$ — 1722 ge ne a. *corr. d'après* $A^2A^3A^4B^1$

A 1714 avec A^3 — 1715 Que r. A^4 — 1717 l. enforcement A^4 — 1718 N. ça d. A^4 — 1722 en O. A^3A^4 — 1726 en persant A^3 — 1728 Endementres q. A^4 — 1732 c. comança li a dire A^4

B 1713 J. s. remez seul entre mescreanz — 1714 Ou je n'en (n'i) ai n. — 1715 T. l'Aufricant — 1718 N. la vaillant — 1722 ne voise B^2 — *Après* 1722 *aj.* La ou ala mon oncle le vaillant Et Guïelins mes freres qu'amai tant Bien sai mort sont entre paiene gent Occis les ont li cuvert souduiant — 1723 *rempl. par* Vengier les weil se Diex le me consent Cel (Le) grant outrage et ce tres grief torment (e. le greveus t.) — 1724 d. mes p. — 1725 v. tant a. (t. deloiant) — 1726 Quant (Que) ne leur met le mien cors en p. — 1728 qu'il gamente et souspire B^2 — 1729 q. s'en entre e. — 1731 B. de la joie s'acline — *Après* 1731 *aj.* Por les nouveles encontre lui se tire — 1732 v. haute li commença a dire — 1733 v. or (ce) dist Bertran biax sire

Ou est mes oncles a la chiere hardie ?
Et Guïelin ? nel me celer tu mie. »
Et cil respont com chevalier nobile :   1736
« Dedenz Orenge, cele cité garnie,
En Glorïete, cele tor marberine ;
Felon paien les tienent et justisent,
Ge ne gart l'eure que endeus les ocïent.   1740
Guillelmes mande, nel te celerai mie,
Que le secores o ta chevalerie
Isnelement, que ne te targes mie. »
Ot le Bertran, si commença a rire ;   1744
Oiant trestoz, apela son empire :
« Or tost as armes, franc chevalier nobile ! »
Et cil si font, qu'il ne se targent mie ;
Es chevaus montent d'Espaigne et de Sulie. 1748
Quant Bertrans ist de la cité de Nymes,
O lui en maine la gent de son empire ;
El chief devant sont plus de .xv.m. ;
Desi au Rosne ne cessent ne ne finent ;   (52d)
Tuit s'en entrerent es nes et es galies,
Naigent François et governent et siglent.
Desoz Orenge, en la grant praarie,
La arriverent les fieres compaignies,   1756

1739 p. le t. *corr. d'après* $A^2A^3A^4$

A 1735 E. Guïelins nu m. celez t. A^4 — 1738 c. cité marbrine A^3A^4 — 1741 m. ne t. A^2A^3 ne le t. A^4 — 1747 s'atargent m. A^2 — 1752 c. ne f. A^4

B 1734 o. qui si me fet remire (defrire) — *Après* 1734 *aj.* En grant dolour trestout mon cuer define — 1735 E. Guïelins vers cui je n'ai point d'ire (a. pas ire) — 1736 Et cis (cil) respont errant (tantost) sanz contredire — 1737 *rempl. par* Seignor dist il par le baron saint Gile Li quens G. et Guïelins li sires Sont en Orenge ce vous weil je bien dire — 1738 E. G. qui tant fet de martire — 1739 *rempl. par* Felon paien que (cui) Diex envoit grant ire Laienz leur font li glouton souvent ire — 1740 e. ques metent a martire — 1741 m. qui tant (mout) est vaillant sire — 1742 s. a t. — 1744 a dire — 1747 f. ne s'atargerent mie (f. nen s'en targierent m.) — *Après* 1747 *aj.* As armes courent celle bone (franche) mesnie Quant sont armez ne s'atargerent mie — 1748 e. de Hongrie — 1749 c. garnie — 1750 e. la (mout) bele compaignie — 1752 Tresques a. B^2 — 1753 Enz s. — 1754 N. a force ne s'i arrestent mie — 1756 L. arriva la riche (noble) compaignie

Tendent lor tres et paveillons i fichent.
Li cuens Bertrans ne s'i atarge mie ;
Ou voit le mes, si li commence a dire :
« Gilebert, sire, ne me mentir tu mie,   1760
Assaudrons nos Orenge ceste vile ?
Fendrons cez murs et cez sales perrines ? »
Dist Gilebert : « Vos parlez de folie,
Qu'ele ne doute de France tot l'empire ;   1764
Ne la prendrez a nul jor de vo vie. »
Ot le Bertran, a pou n'enrage d'ire.

LX

« Gillebert, frere, ce dit li cuens Bertran,
Assaudrons nos Orenge la vaillant ?   1768
Fraindrons cez murs et cez hauz mandemenz ? »
Dist Gilebert : « Vos parlez de neant ;
Ne la prendrez a jor de vo vivant. »
De cele chose se correça Bertran,   1772
Quant le message le vet reconfortant :
« Sire, fet il, entendez mon senblant ;
En la cité vos metrai de tel sens
Ja nel savront Sarrazin ne Persant.   1776
— Va dont, beau frere, a Jhesu te commant ! »
Et cil s'en torne, qui set le convenant,
A .XIII.M. de François combatanz ;
Les autres lessent as tres et as brehanz,   1780

1779 combantanz

A 1758 s'i atarja m. $A^2A^3A^4$ — 1759 l. commença d. A^3 — 1765 l.
prendriez a A^3 — 1769 Fendrons c. A^3 — 1771 l. prendriez a. A^2A^3;
d. vos v. A^4 — 1774 *dernier vers de* A^2 ; *à la suite, une main mo-*
derne a recopié sur un feuillet de papier blanc les 17 *derniers vers de*
A^1 (1775-1791), *y compris la faute* combantanz — 1779 combatant A^3A^4

B 1757 T. i t. — 1758 B. ne s'asseüra mie — 1760 G. frere car me
dites biau sire — 1761 Et assaudrons O. B^2; O. la garnie — 1762
Fraindrons c. — 1763 D. Gillebers — 1764 Elle ne doute vostre
force une aillie — 1765 N. l. prendriez en jor de vostre vie — 1767
c. Bertrans — 1768 n. ceste cité vaillans — 1769 Fendrons B^1 —
1771 l. prendriez a — 1772 Bertrans — 1773 Q. li messages l. vet
(voit) si esmaiant — 1775 m. par t. — 1777 a Dieu le roi amant
— 1778 cis B^1 — 1779 combatans

Trusqu'a la croute ne se vont arrestant ;
Par les pilers s'en entrerent dedenz,
Il n'orent cierges ne chandoiles ardanz,
L'un avant l'autre, l'ocurté i fu granz.   1784
De cele chose s'esmaia mout Bertran ;
Le mes apele, si li dit en oiant :
« Gilebert, frere, nel me celer neant,
Morz est mes oncles, par le mien escïent ;   1788
Venduz nos as a la gent mescreant. »
Dist Gileberz : « Vos parlez folement ;
Ge nel feroie por les menbres perdant.
En Glorïete venroiz ja ci dedenz ;   (*Ms.* 368, 173*a*)
Por Dieu vos pri, fetes le gentement.
— Va dont, beau frere, a Dieu commandement ! »
Endementiers qu'il vont einsi parlant,
En Glorïete en sont venu a tant.   1796
Li cuens Guillelmes les aperçut avant.
« Diex, dist li cuens, beau pere roi amant,
Or voi la voie que j'ai desirré tant ! »
Lor eaumes ostent li chevalier vaillant,   1800
Puis s'entrebesent, de joie vont plorant.
Li cuens Bertran l'en apelë avant :
« Comment t'est, oncles ? nel me celer neant.
— Mout bien, biau niés, la merci Deu le grant !   1804
Mout ai soffert grant paine et grant ahan ;
Ne vos cuidai veoir en mon vivant,

1784 ocurté *refait sur* occirté

A 1781 Jusqu'a A^4 — 1784 oculté A^3 — 1787 m. celez n. A^4 —
1791 *dernier vers de* A^1 — 1795 Endementres q. A^4 — 1799 l. joie
q. je desirre t. A^4 — 1802 l'e. apela a. A^4 — 1803 t' *omis* A^4

B 1781. Jusqu'a l. c. soi ne vait atargant (c. ne se vet a.) — 1783 ne
chandeler ardant B^1 — 1784 L'uns ne vit l'autre obscurté i ot grant —
1785 D. ceste c. — 1787 f. ne m. — *Après* 1787 *aj.* Je croi mout
bien par Dieu le roi amant — 1788 o. que je amoie tant — 1790
G. sire par s. Climent — 1792 E. G. vous metrai je errant — 1793
l. sagement — *Après* 1793 *aj.* Bertrans l'oï vet s'ent resbaudissant
— 1794 V. tost b. f. a Jhesu te commant (V. dont dist il) — 1795
que il vont devisant, — 1797 l. oï tout a. — 1798 c. douz p. B^2 —
1799 *rempl. par un développement de 27 vers* (voir Appendice, p. 123).
— 1802 l'e. apela errant (li demanda e.) — 1803 o. por Dieu le
roi amant — 1805 *omis*

Tel duel m'ont fet Sarrazin et Persant.
— Oncle Guillelmes, vengiez seroiz par tens. »   1808
Sus el palés sonent un olifant ;
Cil dehors s'arment as tres et as brehans.
Li cuens Guillelmes qui fu preuz et vaillanz !
Les ponz avalent, si descendent a tant,   1812
Vienent as portes de la cité vaillant,
Si les ovrirent tost et delivrement ;
Et cil dehors vont par dedenz entrant ;
Monjoie escrïent et derrier et devant.   1816
De cele joie sont paien esmaiant ;
As armes corent li cuvert souduant,
De lor hostieus issent de maintenant,
Por eaus deffendre garni furent errant ;   1820
Mes ne lor vaut la montance d'un gant,
Que trop i ot de la françoise gent ;
Tote la vile a porprise Bertrans
Por gaagnier la fort cité vaillant.   1824
La veïssiez un estor si pesant,
Tant hante fraindre et tant escu croissant,
Et desmaillier tant haubers jazerant,
Tant Sarrazin trebuchier mort sanglant !   1828
Quant Arragon voit ocirre sa gent,
Lors a tel duel a pou ne pert le senz ;
Saut en la selle del destrier auferrant,
Prist un escu qu'il tolli a un Franc,   1832

*Les vers 1812-1813 sont intervertis dans le ms. ; corr. d'après A⁴ —
1812 Le ponz corr. d'après A⁴*

A   1812 Les pons A⁴

B   1807 Grant d. m'o. f. puis la paiene gent — 1808 Oncles dist il
par Dieu le roi amant (D. le tout puissant) Vengiez serez se puis
procheinement (V. s. d'euls se ge puis briement) — 1809 *rempl. par*
Quant en la tour sont li baron vaillant Dedenz la tour sonent maint
olifant — 1810 *rempl. par* Paien l'entendent si (mout) s'en vont
merveillant Et cil dehors quant il vont entendant. Les cors sonnerent
ne se vont arrestant As armes courent as trez et as brehanz —
1811-1818 *rempl. par* 21 *vers* (voir Appendice, p. 123). — 1824 l.
cité avenant — 1826 Escus percier et maint elme luisant — 1827 d.
maint hauberc j. — 1828 m. gesant — 1829 A. vit o. — 1830 a
p. que il ne fent (a p. d'ire ne f.)

Garde a la terre, voit un espié tranchant,
Il s'abessa, a ses .II. mains le prent ;
Le cheval broche des esperons tranchanz,
Fiert s'en la presse de la bataille grant ;   1836
La noz a mort Foucher de Meliant   (1736b)
Et puis un autre et le tierz ausiment.
Voit le Bertran, a pou ne pert le sen ;
Il tret l'espee dont bien tranche le brant,   1840
Fiert Arragon, nel vet mie esparnant ;
Un cop li done par si fier maltalant
Tot le porfent desi el piz devant,
Mort l'abati del destrier auferrant.   1844
Paien en perdent et force et hardement.
Que vos iroie le plet plus aloignant ?
Mal soit de cel qui en soit eschapant,
Desus la terre en cort le ru del sanc.   1848
Li cuens Guillelmes ne se vet atarjant,
Vient a la chartre tost et isnelement,
S'en tret Orable, la dame au cors vaillant.
Bertran apele, si li dit en oiant :   1852
« Beau niés, dist il, entendez mon semblant
De ceste dame au gent cors avenant
Qui m'a gari de la mort voiremant ;
La moie foi li plevi loiaument   1856
Que la prendrai a moillier voirement. »
Et dit Bertran : « Qu'alez vos atarjant ?
Tenez li bien tot le suen convenant,

1836 F. se e. *corr. d'après* A^4B^2 — 1841 A. ne v. *corr. d'après* A^4

A 1838 ensemant A^4 — 1841 A. nu v. A^4 — 1844 *dernier vers de* A^1

B 1833 Et a la terre vit un espiel gesant — 1834 Puis s'a. — 1835 e.
d'argent — 1836 F. en l. B^1 ; ou il la vit plus grant — 1838 a. dont
l'ame vet partant (a. d. le cuer v. parant) — 1840 I. tint l'e. B^2 —
1841 ne le vet. e. — 1843 T. l. p. jusqu'ens ou pis devant (Qu'il l.
p. jusques es denz d.) — *Après* 1845 *aj.* Tuit furent mort Sarr. et
Perssant — 1847 c. vil en soit demourant B^1 — 1848 li rois de s.
B^1 — 1847-1848 *omis* B^2 — 1850 Vint a — 1851 S'e. traist B^1B^2 ;
O. la roÿne vaillant B^2 — 1852 dist e. riant — 1853 Biax niez
e. (Biau sire niés e.) — 1855 m. vraiement B^2 — 1857 Q. la
penroie B^1 ; a (par) droit espousement — 1858 Et (Ce) dist B. ;
v. atendant — 1859 b. trestout son c. (l. sire tres bien son c.)

Si l'espousez a joie lïemant.   1860
— Niés, dist Guillelmes, tot a vostre comment. »

LXI

Li cuens Guillelmes fu mout gentiz et ber.
Quant ot par force conquisse la cité,
Une grant cuve avoit fet aprester ;   1864
De l'eve clere firent dedenz giter.
La fu l'evesque de Nymes la cité ;
Orable firent de ses dras desnüer,
Il la baptisent en l'enor Damedé,   1868
Le non li otent de la paieneté ;
Bertran la tint et Guïelin li ber
Et Guilebert, le preuz et le sené ;
A nostre loi la font Guibor nomer.   1872
A un mostier qu'eurent fet dedïer,
La ou Mahom fu devant reclamé,
L'ala li cuens Guillelmes espouser,
Messe lor chante li evesque Guimer.   1876
Aprés la messe sont del mostier torné,
En Glorïete font la dame monter ;
Granz sont les noces sus el palés pavé.
Li cuens Bertrans les servit au digner   1880
Et Guilebert et Guïelin le ber.
.VIII. jorz durerent a joie et a barné ;
Assez i orent harpeor et jugler

1861 G. tost a v. *cf.* B — 1865 De l'e. c. furent d. gité *corr.
d'après B¹B²* — 1883 o. harpeors e.

B   1861 tout a v. talent — *Après* 1861 *aj.* Sera il fet par le mien escient
1863 o. conquise Orenge l. c. — 1864 c. firent il aporter (c. ont
lors fet aporter) — 1866 *rempl. par* Un franc evesque orent o aus
mené Qu'il amenerent de France le regné — 1868 b. ou non de D.
— 1870 Bertrans B¹ ; Guïelins B¹ — 1871 E. Gillebers li p. e. li
senez B¹ — 1872 G. clamer — 1873 En u. m. qu'orent f. — 1874
Mahons B¹ ; d. reclamez (aouré) — *Après* 1874 *aj.* Fist un autel
beneïr et sacrer — 1875 La franche dame ala la espouser (d. y ala
e.) — 1876 La messe dist l'evesque honorez (e. de bonté) — 1878
G. ont l. d. mené — 1879 p. listé (n. el haut p. l.) — 1880 B. le
(la) s. — 1881 Gillebers et Guïelins li b. B¹ — 1882 j. tous plains
ont la joie mené — 1883 o. ce qui lor vint a gré

Et dras de soie et hermins engoulez   1884
Et muls d'Espaigne et destrier sejornez.

LXII

Li cuens Guillelmes ot espousé la dame ;
Puis estut il tiex .xxx. anz en Orenge   (173*c*)
C'onques un jor n'i estut sanz chalenge.   1888

1886 espousee *corr. d'après* B^1B^2 — 1888 s. chalonge *corr. d'après*
B^1B^2

B 1887 P. furent i. t. .xx. a. — 1888 ne la tint s. c. — *Après* 1888
aj. Sovent estoit en mellee et en tence Et combatoit vers le gent
mescreande Des ore mes ses granz paines commencent Vers moi
se traie qui les voudra entendre J'en chanterai qui en sai reson rendre
(q. reson en sai r.)

APPENDICE

I. *Passage donné par B à la place de A* 1799.

Ci desouz nous oi ne sai quele gent
Par mi la cave vienent certainement
Par ou nos mes s'en ala coiement
Ne sai se sont la sarrazine gent
Ou se ce est le secours de Bertrant
Qui que il soient se li cors Dieu m'ament
Leur veerai je l'entree maintenant (je *omis*)
Mes toute voies biaus niez je vous commant
De la grant hache soiez bien souvenant
Et mon tinel m'alez apareillant
Se paien sont qui viegnent ceanz tant
Ainz qu'il nous preignent les feront nous dolant
Dist Guïelins tout a vostre commant
Li quens G. ne se vet delaiant
De la grant perche se vet entremetant
Et le pertuiz aloit il estoupant
Que dame Orable leur ala ja monstrant
A mout grant paine le vont amont levant (p. vont le quarrel l.)
Et cil qui sont en la cave dedenz
Voient G. si (bien) le vont ravisant
Li quens G. leur ala escriant
Qui estes vous qui venez ça dedenz (q. ci venez rampant)
Quant Bertran l'oit si li vet escriant
Oncles dist il bien le savrez a tans
C'est vostre niez li palazins Bertrans
Et li barnages de Nimes la devant
G. l'ot grant joie en vet menant

II. *Passage donné par B à la place de A* 1811-1818.

Li quens G. ne se vet delaiant
Le pont avalent les portes vont ouvrant
De sa mesnie a lassuz lessié tant
Se mestier est bien s'i (li) seront aidant
Qui la tor gardent jusqu'a leur repairant
Et li baron si se vont avalant
Par mi la ville s'en vont il cheminant

Paien cuidierent que ce fussent Perssant
Ne cuident mie laienz ait François tant
Mes toute voies ne s'i vont delaiant
La porte ouvrirent cil dedenz vont issant
Quant furent hors grant joie vont menant
A haute vois Monjoie vont criant
Paien l'entendent si s'en vont merveillant
Car il (ainz) cuidierent que ce fussent Persant
Et armez furent sachiez le vraiement
Des armeüres as Sarrazins Perssans
Que il conquistrent a Nimes la poissant (vaillant)
Por ce nes vont paien point connoissant (c. paiens nes vont p.)
Mes quant oïrent la (haut) Monjoie escriant (criant)
As armes courent li paien mescreant

NOTES

Abréviations : *AP = Anciens poètes de la France. — CFMA = Classiques français du moyen âge. — FEW = Französisches etymologisches Wörterbuch* de W. v. WARTBURG. *— Folque de Candie III =* tome III de l'édition de *Folque de Candie,* de SCHULTZ-GORA (réservé aux remarques), *Gesellschaft für romanische Literatur,* XLIX. — FOULET, *Perceval = The Continuations of the old French Perceval of Chrétien de Troyes,* III, 2, *Glossary of the first Continuation,* Philadelphia, 1955. — FOULET, *Petite syntaxe = Petite syntaxe de l'ancien français,* 3ᵉ éd., *CFMA. —* FOULET, *Roland =* Glossaire de la *Chanson de Roland,* dans J. BÉDIER, *Chanson de Roland commentée. — God. = Dictionnaire de l'ancienne langue française* de F. GODEFROY. — *Huon = Huon de Bordeaux,* éd. P. RUELLE, *Université de Bruxelles, Travaux de la Faculté de Philosophie et Lettres,* XX. — *SATF = Société des anciens textes français. —* TOBLER, *VB =* TOBLER, *Vermischte Beiträge zur französischen Grammatik,* 5 vol., le vol. I dans sa traduction française *Mélanges de grammaire française* sous l'abréviation TOBLER, *Mél. — TL =* TOBLER-LOMMATZCH, *Altfranzösisches Wörterbuch. — ZFSL = Zeitschrift für französische Sprache und Literatur. — Z. Rom. Phil. = Zeitschrift für romanische Philologie.*

ex. = exemple ; l. = laisse(s) ; litt. = littéralement ; ms. = manuscrit ; mss. = manuscrits ; v. = vers ; var. = variante.

L'astérisque renvoie aux notes.

1. *que Dex vos beneïe :* Selon GRAEME RITCHIE, *que* n'est pas la béquille du subjonctif moderne ; c'est une conjonction signifiant « afin que », introduisant un souhait dont la réalisation est liée à l'exécution d'un ordre précédent. « La principale semble donner, pour ainsi dire, les conditions dans lesquelles le souhait sera valable. » (*La conjonction que dans l'ancien français,* Paris, 1907, pp. 56-57) ; on pourrait traduire par « et qu'ainsi Dieu vous bénisse ». Mais, s'il est possible que le *que* accompagnant le subjonctif soit dans certains cas d'origine finale, cet emploi paraît déjà figé.

3. *vorrai :* futur dû à une attraction ; la volonté est présente, mais le sujet parlant a dans l'esprit la réalisation de cette volonté, qui est future ; autres ex. : *A* 1003, *B* 443, *C* 1492, *D* 85. Voir G. GOUGENHEIM, *Étude sur les périphrases verbales de la langue française,* Paris, 1929, pp. 190-193.

4-6. « Cette chanson n'a pour sujet ni orgueil, ni folie ; elle n'est pas issue de sources mensongères ou entreprise par goût du mensonge, mais elle traite des preux qui conquièrent l'Espagne. » (*est* est employé avec une double valeur : valeur pleine « traite de » et valeur d'auxiliaire).

8. Les pèlerins qui se rendaient à Saint-Gilles par la voie Regordane passaient à Brioude où on leur faisait visiter la basilique de saint Julien ; les chanoines y avaient déposé des trophées épiques. Voir J. BÉDIER, *Légendes épiques,* I, p. 387.

17. *nen ot* : une lecture *n'en ot* supposerait une forte rupture. Au XIII* siècle l'emploi de *nen* au lieu *n'* devant voyelle est régional ; mais des traces de *nen* subsistent dans des textes qui n'ont pas de teinte dialectale marquée ; autres ex. : *A* 266 (= *D* 146). Voir FOULET, *Roland*, p. 433 ; *Perceval*, p. 196.

30. *ceste* : « cela », « cette histoire », pronom féminin employé pour le neutre ; voir * 1030 et *TL*, II, 147.

38. *jeuné* : deux syllabes. La graphie cache sans doute la forme *juné* (adoptée par *B²*) ; cette forme est ancienne et résulte peut-être d'une dissimilation. (Voir F. LECOY, *Chevalier au barisel CFMA, p.* XIII). Ailleurs on trouve *jeüner* (v. 168). Cette divergence suffirait-elle à prouver que les deux laisses d'annonce, qui n'existent pas dans *D*, ont été ajoutées après coup par le remanieur *O²* (= *ABC*) ? Voir *Les rédactions en vers de la Prise d'Orange*, p. 27, 6°.

En tout cas, les laisses I et II semblent dues à un arrangeur cyclique ; en effet le début de la première laisse se retrouve inséré dans le *Charroi de Nîmes* de la version *ABC* (*CFMA* 1085-1090), alors que cette reprise est absente de *D* (éd. LANGE-KOWAL laisse 42) ; une telle coïncidence ne peut être l'effet du hasard.

49. *contreval* : l'idée d'étendue domine celle de pente ; voir FOULET, *Perceval*, p. 50.

51. *mauviz* : il s'agit de la grive musicienne, qui arrive en France au printemps. Le mot a désigné également l'alouette huppée, qui a les mêmes grivelures, mais qui chante avant le lever du soleil ; cf. *Moniage Rainouart SATF*, v. 624 *pres ju del jour, si canta li malvis*. Voir *Guillaume le Vinier*, éd. Ph. MÉNARD, p. 121, n. 2.

62. *blez* : les céréales, en grain et sur pied, portaient le nom générique de *blez* (au pluriel) ; cf. *Aspremont, CFMA*, v. 2979, *De l'oustillement au villain*, v. 3-4 et la note. Comme ici il s'agit de « blé » (cf. *froment* v. 96), *B* et *C* 59 ont supprimé la marque du pluriel.

65. *efforz* : *FEW*, III, 727 et 730, *TL*, III, 1047 et 1048 distinguent deux *esforz*, l'un signifiant « armée, puissance militaire » et l'autre « force, vigueur » ; mais la construction identique des v. 65 (*par efforz* = « avec leurs forces ») et 146 (*par efforz* = « en employant la force ») montre que le moyen âge ne séparait pas fondamentalement les deux valeurs.

67. *enuist* : au lieu de *enuie* ; *enoiier* a subi l'influence de *nuire* : *TL*, III, 470 cite la rime *anuist : cuist*, MONT., *Fabl.* III, 206 ; en effet *nuire* « gêner » est un substitut de *enoiier* « être désagréable, être odieux » : *A²* coupe *me nuist* ; *TL*, VI, 891 propose la même correction *me nuist*.

71-72. *Ja ainz ne ... que* : Les philologues sont partagés pour l'explication de ce tour. G. Moignet joint *ainz que* : « avant que » et il explique que le verbe de la subordonnée est au futur et non plus au subjonctif, parce que la subordonnée est « actualisée », s'agissant « moins de traduire l'antériorité du procès allégué en principale que d'exprimer en subordonnée par un biais stylistique une promesse quelque peu solennelle » (*Essai sur le mode subjonctif*, p. 448). Pour Ph. Ménard, il n'y a pas de tmèse ; on a affaire à un système temporel formé de deux membres solidaires réunis par *que* sans qu'il y ait véritable subordination. L'adverbe *ainz* dans le premier membre négatif souligne « l'inachèvement du premier procès au moment où apparaît le second ». Ph. Ménard traduit par : « Le soir ne sera pas tombé et le soleil ne sera pas couché qu'il apprendra de bien fâcheuses nouvelles. » (*Syntaxe de l'ancien français*, 2ᵉ éd., pp. 201-202).

75. *tiex* : annonce le v. 76, la subordination étant implicite.

Nous rappelons les deux emplois de *tel* suivi d'un nom de nombre ;

1° *Tel* peut impliquer une comparaison raccourcie : *Fierabras, AP,* v. 3719 *S'il estoient tel .C. en cel palais listé, Fuïr nous convenroit par force du regné* (= « cent hommes tels que lui »).

2° Pour le second emploi H. SUCHIER avait proposé : « bien » (wohl), « environ » (ungefähr) dans la *Chançun de Guillelme* * 492 ; le *Kristian von Troyes Wörterbuch* de FÖRSTER-BREUER traduit de même dans *Yvain* 2443 *tes (nonante)* par « largement » (so gut wie) ; mais SCHULTZ-GORA a nié cette valeur (*Folque de Candie*, III, * 5108). A juste titre : car dans tous les cas *tel* annonce la conjonction ou le relatif suivant, le subordonnant pouvant n'être que suggéré ; autres ex. *A* 1039, 1887 ; *C* 2285. Voir FOULET, *Roland*, p. 484.

79. Vers formulaire inséré machinalement en dépit du contexte.

84. *que il pot amer tant* : « qu'il avait des raisons de tant aimer » ou simplement « qu'il aimait tant », hémistiche traditionnel où le sens s'est effacé. Voir *Huon,* * 363.

87-91. L'apodose de cette phrase est le v. 91 ; la protase a une architecture complexe fondée sur l'opposition *si, et*. D'après G. ANTOINE, *La coordination en français*, II, p. 989, *si* est « un signal auquel on fait le point de la situation », tandis que *et* constitue « un outil d'addition ». Le mouvement général est « Si nous avions ici mille jeunes filles et qu'alors nos vaillants prennent du bon temps avec elles et que moi-même je leur fasse la cour, je serais heureux ».

88. *ceus* : régime féminin pluriel ; il arrive, dans les personnels et les démonstratifs, qu'il y ait neutralisation du genre, surtout au pluriel (voir J. CHAURAND, *Histoire de la langue française*, p. 57) ; *TL* II, 88 cite plusieurs exemples de *ceus* féminin, tirés du *Roman de la Rose*.

108. Sur la valeur locale de *si com*, voir P. IMBS, *Les propositions temporelles en ancien français*, Paris, 1956, p. 163.

112. Le récit de la capture de Guillebert n'est pas clair ; dans *C* 173, les païens ont fait un raid jusqu'au lac Léman ; dans *A* la tempête l'entraîne, semble-t-il, jusqu'à Lyon ; mais on attend *soz un pont*. Le point de départ de la faute est un *regne* mal lu ; cf. inversement *A*⁴ 795, *B*² 132.

120. *toupet* : il s'agit de la touffe de cheveux que gardent les Musulmans ; trait de couleur locale rare dans les chansons de geste.

124. *s'en avale* : *en* se joint aux verbes de mouvement pour préciser que l'action prend son départ (cf. français moderne *il s'en va* en face de *il va*); autres ex. *en monte* 141, *en monterent* 995, *s'en sont outre passé* 405, *s'en entrerent* 1182, 1309, *s'en corent* 1493, *s'en i sont esleissié* 1586. On trouve un emploi analogue avec les verbes signifiant « adresser la parole » : *l'en apele* 180, *l'en a araisoné* 438, *l'en a mis a reson* 521. Sur la valeur ingressive de *en*, voir J. STEFANINI, *La voix pronominale en ancien et en moyen français*, pp. 402-415.

128. *de bruit* : accompagnant le verbe *aller*, *de bruit* signifie « avec une ardeur bruyante »; cf. *Girart de Roussillon*, éd. HAM, v. 6277 *Tuit y vont a l'encontre de bruit et senz demeure*, et *Roman de Renart*, *CFMA*, v. 1811-1812 *A icest mot se lievent tuit ; Au chastel alerent de bruit*.

Pour notre passage il est tentant d'adopter l'acception que J. BÉDIER a postulée dans le glossaire de Colin Muset, *CFMA* : « fête joyeuse » et d'y voir une allusion aux vers 89-90. Le sens serait : « qui parlent de faire la fête ». Cet emploi est dérivé du sens propre de *bruit* ; le rapprochement que fait RAYNAUD avec *bruïr* « brûler » (*Romania*, 1907, p. 457) est sans fondement.

134. *ne s'i est aresté* : *i* se joint à des verbes qui marquent un arrêt, un retard *n'i ont demoré* 864, *ne s'i atarge* 1758 ou le terme d'un mouvement *i passastes* 795. Voir A *124.

147. « Pour que son message soit annoncé et entendu. » (Les infinitifs ont la valeur passive).

148. *Quant* est construit en subordination inverse ; la subordonnée placée en fin de phrase reçoit l'idée importante et la phrase repart d'un nouvel élan ; autres ex. 1704, 1773. Voir P. IMBS, *Propositions temporelles*, p. 82.

166. Guillebert ne donne son nom ni dans *A*, ni dans *C*.

174. *pevré* : formation analogue à *civé, claré, lardé, pasté, poiré, pommé* ; *God.* n'a enregistré que *pevree*, VI, 136. Voir F. LECOY, *Mélanges Brunel*, II, p. 121.

182. *estas* : cf. LITTRÉ, *Dictionnaire...*, s. v. *ester* : *Le pays ou on est estans et demeurans*, Beau. 14.

190. L'assonance fautive indique un texte refait.

194. *God.*, VI, 678 glose *reconoissances* par « avant-cour d'un palais » ; le mot a peut-être une acception plus large : « dépendances ».

207. *Dex* au cas-régime : l'emploi fréquent du vocatif a favorisé l'extension du cas-sujet ; le français *dieu* provient de DEUM, mais bien des formes romanes reflètent le nominatif latin ; cf. *FEW*, III, 57.

214. Sur la différence entre *par amor* et *par amors*, voir J. FRAPPIER, *Romania* 88, 1967, p. 451.

219. Le jour comme la nuit est donné par Dieu ; cf. *D* 1078 : *Si vient la nuit, que Dex l'a conmendé.*

222. *le toupet del front* : « le toupet qu'il a sur la tête ». Par une extension de la valeur possessive, le complément du nom indique la partie du corps où est situé tel ou tel organe où qui porte telle ou telle partie de l'armure ou du vêtement : *des iolz des chiés* D 225 ; *espees des lez* A 1407 ; *le hauberc de son dos, Doon de Maience, AP*, v. 3066 ; *le mantel del col, Charroi de Nîmes, CFMA*, v. 1435.

229-238. Ces vers ne se raccrochent pas à ce qui précède ; ils reprenaient la description d'Orange ; le remanieur *A* a voulu les faire précéder par un rappel de l'évasion de Guillebert (212-227), mais une lacune s'est produite après 227.

233. Les ongles d'Aragon sont des griffes de diable, cf. 381. Voir H. THEODOR, *Die komischen Elemente der altfranz. Chansons de geste, Z. Rom. Phil.*, Beiheft XLVIII, pp. 9-15.

261. « Elle y trouverait avantage si elle voulait s'abandonner à son amour » ; cf. Chrétien de Troyes, *Yvain, CFMA*, vv. 5477-5478 : (*l'empereres*) *seroit bien saus, s'il l'avoit prise, que molt est bele et bien aprise.* Le *Wörterbuch* de FÖRSTER-BREUER traduit *estre bien sauf* par « trouver son compte à quelque chose » (sich gut stehen bei).

270. *lices* : B et C s'accordent sur une leçon meilleure *listes* ; le palais est *listé* A 407.

294-297. Passage difficile. *A* et *C* 273-276 ont un texte secondaire qui attribue à Guillebert les objections de Bertrand (*A* 294-295 = *A* 336-337 et *C* 273-274 = *C* 315-316) ; il est évident que Guillaume ne songe pas à pénétrer dans Orange sous un déguisement avant la l. XII.

A condense deux constructions : « Si vous étiez maintenant dans la ville, en voyant les Sarrasins, vous ne penseriez pas en sortir vivant (et vous n'auriez pas l'espoir de vivre) jusqu'à complie ».

299. *effraee* : TOBLER, *Mél.*, p. 192 cite cet exemple parmi les participes passés à sens actif et propose « effrayante » ; mais « inquiète » est préférable.

311. *destornee* : la traduction de *TL*, II, 1779 « cachette, refuge » provient d'une mauvaise ponctuation de JONCKBLOET (point-virgule après *destornee*) ; le vers signifie : « même s'il n'y avait ni fleuve, ni difficulté de route » ; mais *destorbee* de B est meilleur que *destornee* de A, qui est peut-être une faute.

326. *tapinois* : « qui se déguise » ; réfection non enregistrée par *God.* de *tapin*. Les chevaliers semblent avoir appliqué ironiquement cette appellation aux pèlerins, cf. *God.*, VII, 644 *Bien fu armez, ne sembloit pas tapin*, et *Folque de Candie*, III, p. 391, *tapin* = « Pilger » ; *rapinois* que *TL* enregistre VIII, 294 n'est qu'une mélecture de *tapinois*.

327. *regne* : Sur cette valeur de *regne*, voir *Enfances Guillaume*, ms. B[1] f° 80[c] : *N'a tel pucele en France ne en regne !* (même texte dans B[2]).

341. Plusieurs chansons de geste donnent les Sarrasins pour anthropophages : *Aliscans*, éd. de Halle, v. 5824 et 6472, *Chanson de Guillaume, SATF*, v. 1717, *Floovant*, éd. ANDOLF, v. 1842 (et la note).

343. Parataxe assez dure : (ou bien) ils vous jetteront en prison.

353. *mori et a perdre la vie* : d'après E. GAMILLSCHEG qui commente ce vers, *Hist. franz. Syntax*, p. 468, *a* est de règle devant un infinitif séparé du verbe principal.

356. *Einçois* + futur = « avant que » équivaut à *si* + futur ; la construction a paru forcée à A³ qui a corrigé en *s'ançois*. Voir GASPARY, *Z. Rom. Phil.*, II, p. 98 ; LERCH, *Hist. franz. Syntax*, I, pp. 63-64 ; FOULET, *Petite syntaxe*, § 496, IMBS, *Propositions temporelles*, pp. 420 et 435 et G. ANTOINE, *La coordination*, II, p. 965.

360. Guillaume s'éprend d'une princesse lointaine comme un Jaufré Rudel (sur ce thème voir la bibliographie de R. LEJEUNE, *La chanson de « l'amour de loin » de Jaufré Rudel, Mélanges Monteverdi*, p. 3) et il exalte la folie des amoureux comme un auteur de chanson courtoise ; cf. Adan de le Hale, *Canchons und Partures*, éd. BERGER, I, VI, v. 11 *Amours le sens loie et estaint* et XXVI, v. 12-13 *K'en cuer n'a pont de raison Ou Amours met se saisine.*

371-375. Selon JONCKBLOET, *Guillaume d'Orange*, II, p. 72, ces vers ne peuvent s'appliquer qu'à une passion ancienne et sont inspirés au remanieur par le souvenir des *Enfances Guillaume* ; pour JEANROY, qui rejette l'opinion de JONCKBLOET (*Romania*, 1897, p. 12), de semblables hyperboles représentent de brusques explosions de sentiments extrêmes. Il semble en effet que X n'ait pas connu les *Enfances Guillaume* ; il faut donc comprendre « Il ne m'est (plus désormais) possible de dormir... »

378. Dans *qui ne l'ose lessier* « qui n'ose refuser », *l'*est un neutre ; cf. *TL*, V, 86 ; ajouter *Aiol*, éd. FÖRSTER, v. 4855 ; *Chevalerie Vivien*, éd. TERRACHER, C 212 ; *Doon de Maience*, AP, v. 3770. Le v. 378 a été déplacé par le remanieur X, ce qui a entraîné le pluriel v. 379-380 ; dans l'archétype il suivait le v. 380 (cf. *D* 214) ; *B* a supposé une lacune après 378.

405. *Par Arragon* : faute ancienne ; un reviseur a exponctué *g* et l'a surmonté de *m*, correction non valable, puisqu'Arramon est sur la rive droite du Rhône. Si l'on adopte *Avignon* de *D* 240, on retrouve la route Nîmes-Orange par la rive gauche ; il est curieux cependant que la Durance ne soit pas mentionnée.

406. La comparaison de ce passage avec *B, C* 372 et 376, *D* 241 et 244 fait supposer un bourdon sur le nom d'*Orenge* :
> *Droit vers Orenge (se sont acheminé...*
> *Voient Orenge), les murs et les fossés.*

413. *qui* : *qu'i* est également possible, cf. 250. Sur cet emploi de *qui*, voir TOBLER, *Mél.*, pp. 311-316 « *Énonciation composée d'un nom et d'une proposition relative* » ; BÉDIER, *Chanson de Roland commentée*, p. 200, note 366 ; *La tradition manuscrite du lai de l'ombre*, p. 61, note 1 ; SCHULTZ-GORA, *Folque de Candie*, III, *2808. Le français moderne connaît encore ces constructions sous une forme exclamative « Et le médecin qui ne vient pas ! ». Autres ex. *A* 462, 1811 (?), *D* 888, *S* 626.

437. Le ms. porte *Sarr. et Escl.* qui peut être développé en *Sarrazin et Escler* ou en *Sarrazins et Esclers.* Dans la proposition elliptique qui commence par *environ lui, o lui* se rencontre soit le cas-sujet, soit le cas-régime : *Aspremont, CFMA,* v. 1621 *Ensanble o lui cuens Simons de Perone* et 1643 *Ensanble od lui son enfant Guenelon.*

444. *mout avra demoré* : tournure expressive dans laquelle le futur antérieur remplace le présent ou le passé composé ; le sujet parlant se place au moment où l'on fera en quelque sorte un bilan : « on pourra dire qu'il a bien tardé ». Autres ex. *A* 921, *D* 22, 289, 995, 1279. Voir Clédat, *Romania,* 1927, pp. 218-222.

448. « Ils n'en sortiront pas avant de l'avoir bien désiré » ; pour *si* « avant que », voir Foulet, *Petite syntaxe,* § 496.

449. *ainz* apporte une rectification à une opposition introduite par *mes* ; selon G. Antoine, *La coordination,* II, p. 1125, la « donnée quasi constante » est l'ordre *mes-ainz* (voir toutefois les v. 580-581).

452. L'*alun* servait à fixer les couleurs. Voir G. de Poerck, *La draperie médiévale en Flandre et en Artois,* I, pp. 168-169.

454. *El palés truevent* et 459 *Trusqu'au palés* : les trois rédactions connaissent la double valeur de *palés* « édifice somptueux » et « pièce de réception et d'apparat d'un château ». *Palés* indique la résidence de Guillaume à Nîmes (*A* 46, *C* 43, *D* 8), celle d'Aragon à Orange (*A* 454, *C* 614, *D* 492), la tour où vit Orable (*A* 1076, *C* 995, *D* 895). Ce même mot désigne la salle où Aragon reçoit ses hôtes (*A* 510, *C* 508, *D* 482), celle où Orable les accueille à son tour (*A* 825, *C* 831, *D* 679) et où auront lieu les noces de la Sarrasine et de Guillaume (*A* 1879).
Dans le v. 459 il s'agit de l'édifice, dont les arrivants voient de loin resplendir l'aigle d'or ; pour le v. 454 (= *C* 425) aucune des deux significations n'est acceptable ; le passage est altéré. *D* 314 *amont les rues* a la bonne leçon.

457. *avenanz* : à partir du sens de « convenable », l'adjectif *avenant* a pris une valeur expressive assez vague ; voici d'autres exemples : *un saut a fait mout avenant* (« un grand saut ») dans *Roman de Renart, CFMA* v. 1588 et v. 3671 ; *Si li promist que maintenant El metreit conseil avenant Et aïe porchaceroit* (« un bon conseil ») dans *Le livre des Miracles de N.-D. de Chartres de Jean le Marchant,* éd. P. Kunstmann (thèse de Paris), XVI, vv. 103-105 ; le texte latin correspondant des *Miracles* porte seulement : *promittens ei quod consilium statim et auxilium quereret.* Également, à l'intérieur du vers : *A la retraite li a un cop doné Molt avenant* (« un bon coup ») dans *Aliscans,* éd. de Halle, p. 65.

462. Voir *413.

464. *roi amant* : déformation par étymologie populaire de *raement* « rédempteur » ; cf. 1326 (*B rois amans*), 1437, 1798.

467. *Que pleüst* : certaines variantes des mss. tardifs : *A³, C* et *D* éclairent cet emploi de *que.* Dans ces copies *car,* renforçant l'impératif ou le subjonctif, cède la place à *que* : *A³* 843 *que les prenez ;* 930 *que*

vos rendez ; 1120, 1131, *que me donez* ; 1145 *que me di* ; 1352 *que en pensez* ; C 63 *que Dex confonde* ; 489 *que demandés* ; 1105 *c'or oiés* ; 1106 *que m'en dites* ; D 414 *que ci fust ore.* Un nouvel examen des manuscrits de notre cycle enrichirait peut-être la liste ; ainsi dans le *Charroi de Nîmes, CFMA,* v. 1455 l'éditeur a lu fautivement *quar di* au lieu de *que di.*

486. Les participes *ocis* et *destranchiez* sont sur le même plan que l'adjectif *sanglanz* ; le groupe auxiliaire + participe n'est pas senti comme une forme verbale unique. Voir Sneyders de Vogel, *Syntaxe historique du français,* 2ᵉ éd., p. 257.

491. Voir *1108.

510. *sor la tor* ; 517 *Glorïete* : effet malencontreux du style formulaire ; le remanieur X a employé pour le palais d'Aragon des expressions réservées au palais d'Orable.

538. Voir l'article de Ph. Ménard, *Tenir le chief embronc, croisler le chief, tenir la main a la maissele : trois attitudes de l'ennui dans les chansons de geste du XIIᵉ siècle* dans *Société Rencesvals, IVᵉ Congrès international,* pp. 145-155.

559. La salle résonne du bruit des voix ; *D* 410 est plus clair.

564. Les expressions de ce type sont inspirées de l'*Épître de saint Paul à Tite,* I, 2 : *in spem vitae aeternae, quam promisit qui non mentitur Deus* ; voir G. Bornäs, *Trois contes français du XIIᵉ siècle tirés du recueil de la Vie des Pères,* p. 185, v. 796. (*Études romanes de Lund,* XV).

581. Construction familière ; la phrase s'arrête après *afier* et repart sur une tournure pléonastique où *le* annonce la subordonnée : « Il nous fit faire une promesse ; il te (le) fait dire de t'enfuir » ; cf. 706.

585. *sivra* : « poursuivra en Espagne ». Le copiste n'a pas pris garde au mouvement général : « Si tu ne t'enfuis en Afrique, il viendra t'attaquer à Orange. » L'idée de fuite a entraîné l'idée de poursuite ; cf. *Roland,* éd. Bédier, v. 693-694 ; *que,* en subordination inverse, marque un rapport temporel ; la traduction « sans que » de Foulet, *Roland,* p. 457 est impossible.

ferarmez : les deux composants sont séparés dans le ms. mais la coupure n'est pas intentionnelle, cf. 566 *fervesti,* 710 *fervestiz.*

610-611. *que* répondant à *einz* n'est pas exprimé, tournure étudiée par P. Imbs, *Propositions temporelles,* pp. 439-440. Ce serait une simplification analogue à celle qui a fait passer en latin *simul ac* à *simul.*

614. On attend *son sens* (= *son sanc* « son ardeur ») *ne peüst atemprer* : « il n'aurait pu se maîtriser » ; le copiste donnant à *sens* la valeur de « bon sens, raison » en a fait le sujet de *peüst.* : « Sa raison n'aurait pu le calmer ».

616. Notre ponctuation est un pis aller, ce vers est altéré, cf. *D* 493 *Li jantis cuens lor conmençait a dire.* (Voir aussi *C* 579).

624. *Soribant de A³* est une correction. *A²* a corrigé en modifiant le premier hémistiche, mais il a fait un vers faux.

626. Sur cette valeur de *vivre*, voir P. Le GENTIL, *A propos du « Guillaume de Dole »* (*Mélanges M. Delbouille*, II, p. 382).

629. *tornez a folie* : *folie* correspond souvent à une idée de « mauvais traitements », de « malheur ». Voir A. HENRY, *Buevon de Conmarchis*, *2122 et P. RUELLE, *Huon*, *9225. Cf. *foleté* et *afoler* (ce mot a été influencé par FOLLIS même si l'étymon est FULLARE, *FEW III*, 847b et 849a).

632. *Damedex la maudie — BC 600 Mahom le maleïe — D 506 Diable la maldie.* A et D ont remplacé le subjonctif archaïque *maleïe* par *maudie* et ont cherché un sujet de trois syllabes ; mais *Damedex* de A désignant Mahomet est un lapsus.

635. *El palés est* : particulier à *A¹* ; c'est la même leçon que *C* 614 *Ou palais est*. L'accord *A² A³ A⁴ Del palés ist* et *D 510 Del palais issent* prouve que la leçon authentique est *Del palés ist* : il existait deux palais distincts à Orange que *O²* a confondus ; *A¹* et *C* ont fait disparaître indépendamment les traces de l'ancienne rédaction.

640. *retornissant* : subj. imparfait accentué sur la terminaison. Ces formes appartiendraient au sud-est et au sud-ouest d'oïl selon SCHWAN-BEHRENS, *Grammaire de l'ancien français*, trad. O. BLOCH, p. 218, § 343, *Rem.* ; mais on les rencontre aussi à l'est ; voir Chrétien de Troyes, *Erec*, éd. FÖRSTER (*Sämtliche erhaltene Werke*, III), *1449.

657. Que signifie *carroiges* ? Il existe deux mots *carroge, carroige*, l'un désignant le fruit du caroubier et par extension le caroubier (*FEW* XIX, 67a : ar. KARRUBA), l'autre signifiant « carrefour » (*FEW* II, 1407a : QUADRUVIUM). Le ms *D*, qui paraît représenter une tradition ancienne, en a fait un arbre exotique (v. 531 et v. 556) ; *A* y a vu le représentant de QUADRUVIUM ; mais il l'a pris au sens de « réunion d'amis, conversation ». Notons qu'au v. 1500 Orable et les deux Français sont installés précisément sous le pin. Selon *FEW*, II, 1407, cette valeur apparaît surtout dans l'est (champenois, lorrain) ; il est possible qu'on ait affaire à un régionalisme du remanieur *A*.

661. *escarinant* : à l'origine, « riche tissu originaire de la Perse ». *TL*, III, 815 propose de corriger en *escarimant*. En réalité ce mot a une forme mal assurée (cf. *escarnimant C*) et un sens flou ; on le rencontre presque uniquement avec *paile* dans des locutions figées pour désigner une étoffe somptueuse.

673. *lui* est une graphie de *li*. Voir FOULET, *Petite syntaxe*, pp. 364-374.

684-685. Le *peliçon* était un léger manteau fourré ; les mss ne s'accordent pas sur ses caractéristiques ; pour ceux du XIII° (*A¹, A², A⁴*), il se porte sur le bliaut ; pour ceux du XIV° (*A³, B¹, B²*), il se met sous le bliaut. FOULET a relevé dans *Perceval*, p. 222 le même désaccord sur *pelice*.

686. *estroit a laz* : il subsiste des restes d'un participe passé *estroit* de *estreindre* « serrer », à côté de la forme analogique *estreint* : *Aliscans*,

éd. de Halle, v. 5371 (var.) ; Beroul, *Tristan, CFMA*, v. 1053 ; *Guy de Bourgogne, AP*, v. 3556 ; *Guillaume de Dole, CFMA*, v. 196. Voir la discussion de FRIEDWAGNER, *Vengeance Raguidel*, *3700.

706. Voir *581.

721. *bien sai vostre langaige* : « Je comprends bien ce que vous dites » ; cf. *Couronnement de Louis, SATF*, v. 1810 *J'entent bien ta raison.*

751. B^1 emploie *ne* devant consonne et *ni* devant voyelle, cf. 886, 975. Cela confirme l'étymologie de *ni* proposée par MEYER-LÜBKE, *Grammaire des langues romanes*, I § 613 : fermeture de *ne* en *ni* par influence de l'hiatus (voir *FEW*, VII, 73).

754. Le remanieur O^2 a supposé Aragon présent afin d'introduire le motif *Veez vos ore*, par lequel un personnage désigne dans une foule des chevaliers et donne leur nom ; cf. *Otinel, AP*, v. 49 *Veez le la a cel flori grenon...* Il a oublié qu'on avait laissé le prince dans son propre palais 638. *D* a gardé la structure ancienne du récit, l. XX.

767. *ja mar le mescreez* : *mar* « à tort » est suivi d'ordinaire du futur ; le présent est rare : *Gerbert de Metz*, éd. P. TAYLOR, v. 13.659 ; *Raoul de Cambrai, SATF*, v. 595.

772. *Or oëz ore* : « Écoutez donc maintenant ! ». *Or* « maintenant » s'est employé en début de phrase comme renforcement de l'impératif ou du subjonctif de souhait (*Or en penst Dex* 859) ou comme interjection (*Or tost as armes !* 889). La distinction entre *or* et *ore* est graphique, cf. 1240 et 1558 ; cependant en position initiale le copiste écrit *or*. Autre ex. de *or... ore* B^1 1145 ; *D* 1394 écrit *or... or.*

775. *cote* : *C* 746 a une meilleure leçon *coupe* (v. p. 26). La correction est impossible parce que le remanieur *AB* a modifié le contexte en conséquence.

778. J. STEFANINI dans *La voix pronominale en ancien et en moyen français* pp. 592-593 commente ce passage ; mais il est difficile de le suivre quand il fait de *Guillelmes* le sujet de *se descuevre* ; en réalité le sujet est *front*. L'emploi de *li* (*pert*) ne fait pas difficulté pour notre interprétation, car on rencontre *li'*au lieu de *i* pour renvoyer à des choses (cf. *Charroi de Nîmes, CFMA* 505 *Si com li Rosnes li* (= *la pasture*) *cort por les desrubes*).

791. *l'Esclavon* : il s'agit de Salatré ; E. LANGLOIS, *Table des noms propres...*, p. 43, n'ayant pas remarqué la prolepse, a fait d'*Esclavon* une épithète d'*Arragon.*

804 et 825. Prière attribuée à Guillaume et non à Guielin dans AB dans le but d'accorder au héros principal l'honneur du premier coup. Nous avions d'abord admis la possibilité d'une confusion d'abréviations, mais J. DUFOURNET a souligné que dans la chanson discrètement parodique de la *Prise d'Orange* Guillaume perd la première place au profit de Guielin : « Le véritable héros est le neveu ». Le sel de cette modification a échappé à *AB* (*Loc. cit.*, p. 30).

814. Vers interpolé qui fait écho à l'enseignement des théologiens, selon lesquels saint Paul, le tard venu, s'est assimilé parfaitement aux apôtres ; voir MIGNE, *Patrologia graeco-latina*, VII, p. 1962 : *Pauli praedicatio, eadem ac caeterorum apostolorum*. C'est l'emploi figuré le plus ancien de *procession* ; H. RHEINFELDER, qui étudie le mot *procession* dans *Kultsprache und Profansprache in den romanischen Ländern* p. 382, ne cite rien d'équivalent.

824. *ferez avant* : « avancez et frappez ! »

829. *poignant et tressüé* : litt. « en éperonnant son cheval et couvert de sueur » ; le groupe pourrait ne signifier que « très vite », les formules épiques se vidant facilement de leur contenu ; *poignant* est dit d'un personnage à pied, *Roland*, éd. BÉDIER, v. 889 ; *a coite d'esperon* = « en hâte », *God*, II, 178 ; il faut reconnaître toutefois que le remanieur utilise maladroitement les clichés, cf. 79, 510, 517, 585, 710, 1039, 1607. Voir J. RYCHNER, *La chanson de geste...*, pp. 137-138.

846. *La poldre venté* : concession à l'assonance ; cf. 953 ; *C* 71, 285, 809, 852 ; *D* 583.

854. .XIIII. s'emploie pour indiquer un grand nombre, cf. 870, 1016, 1066, 1644. Voir *Huon*, *5076.

857. *torouz* : « verrous » est peut-être une mauvaise lecture de *coranz*, graphie du gérondif *corant*, cf. 1019 *corent* et 1647 *corurent*.

868. Les assiégés utilisent des projectiles de fortune ; le v. *D* 715 paraît avoir été omis par *A*, cf. *B* et *A* 928.

881. Construire *Mal dahé ait (qui) por vos se quiert celer* !

915. *laciez* de *A*⁴ paraît supérieur à *lanciez* de *A*¹, *A*², *A*³ ; sur la question des « améliorations » de *A*⁴, voir TERRACHER, *Tradition manuscrite*, p. 22, n. 3. Toutefois *lancier* est attesté au sens de « jeter (les bras) dans une direction donnée » ; cf. *Moniage Rainouart SATF*, v. 6714 *et un anel pour son bras ens lanchier*.

918. *del besier le vaillant* : « l'équivalent d'un baiser », transformation de *un besier le vaillant* (cf. *B*¹ et *D* 1450) qui provient d'un plus ancien *un besier vaillant*. TOBLER, *VB*, V, 5 « *N'avoir pas un sou vaillant* » fait de *vaillant* un participe présent substantivé et de *besier* un complément de prix. (Les objections de LYER, *ZFSL*, 1934, pp. 22-27 nous semblent sans valeur).

920. L'emploi successif de *a* avec des valeurs différentes rend ce vers difficile ; il est éclairé par *D* 783 : *Estre la poine de trestos vos parens*.

921. Voir *444.

922. *par un pou que* : « peu s'en faut que », expression adverbiale développée par une proposition conjonctive introduite par *que* ; voir TOBLER, *Mél.* p. 75.
sen : ce cas-régime paraît obtenu par la suppression du *s* de *sens* (de SENSUS) ; une création similaire est *lé* 949 fait sur *lez* (de LATUS).

945. *vert heaume* : SCHULTZ-GORA prétend que *vert* fait allusion aux reflets de l'acier (*Folque de Candie*, III, *624) ; en fait les heaumes étaient peints ; voir *Huon*, *516.

950. *a l'Escler* ; 973 *au premier roi* : l'apposition à un cas-régime absolu est précédée de *a*.

951. Le sujet de *volt* est Tibaut. Pour la correction nous avons suivi A³ ; en fait le texte ancien avait *le*, le v. 949 portant *c. le branc letré* (cf. *B* et *C* 879).

953. *moillier espousé* : « femme légitime ». Pour l'absence d'accord, voir *846 ; sur le groupe *moillier espousee*, voir TILANDER, *Lexique du Roman de Renart*, p. 74.

961. *la dame seconde* : l'expression désigne la suivante d'Orable ; texte fautif : les mots *chanbre* et *dame* ont été intervertis.

968. *broigne* : ce mot dans les chansons de geste est toujours synonyme de *hauberc* (cf. *forja* 969) ; il ne désigne pas la brogne primitive, tunique de peau recouverte de plaques de métal. Voir C. A. KNUDSON, *Mélanges Rita Lejeune*, II, pp. 1625-1635.

980. Le moyen âge a cru à la vertu magique de certaines armes. Tibaut espérait conquérir un royaume avec cette épée.

983. *Madame* : déformation d'un nom propre tel que *Maudoine*.

1021. *fermé et atachié* : dans le v. 1020 le modèle portait sans doute *le(s) ponz*, cf. 1812.

1030. *quel la ferons ?* : « que faire ? » var. de *quel le ferons ?* cf. 1055 *le faire* et 1793. Dans *le faire*, le pronom neutre *le* renvoie à une situation qu'on embrasse d'ensemble (FOULET, *Roland*, pp. 390 et 412) ; *la* de *quel la ferons* est un féminin employé pour le neutre ; voir GAMILLSCHEG, *Hist. franz. Syntax*, p. 112 et p. 196 ; E. LOMMATZSCH, *ZFSL*, 1942, p. 384.

1036 et 1063. Le thème de la sortie se développe sur deux laisses XXXIII et XXXIV. D'une strophe à l'autre les variations sont insignifiantes et le récit n'avance pas ; le poète insiste sur un épisode qui conduit Aragon au découragement total, procédé plus lyrique que narratif, finement analysé pour la Chanson de Roland par J. RYCHNER, *La chanson de geste*, pp. 94-95.

1048. Ce vers fait écho au v. 1043 et ne peut signifier autre chose que « Vous n'avez pu pénétrer dans la tour ». L'ancien français employait le passé simple pour indiquer une action révolue même toute récente (FOULET, *Petite syntaxe*, § 333 ; cf. v. 1238) ; d'autre part *mar* a pris la valeur d'une forte négation (cf. v. 1243 et *Folque de Candie*, III, *1212) ; toutefois *TL*, V, 1109-1112 ne donne aucun exemple de cette valeur de *mar* avec le passé simple ; le passage est suspect.

1052. Le vers D 860 est *Et lancent lor lances d'acier et miseracles* ; comme il est faux, on ne peut l'utiliser pour une correction.

1058. Yves LEFÈVRE a établi que *arche* désigne en particulier la « Confession de saint Pierre », endroit de l'église Saint-Pierre de Rome où l'on honore les reliques de l'apôtre ; voir *Romania*, 90, 1969, pp. 111-121.

1108. *Tant serons plus dolant* : « Nous en éprouverons d'autant plus de douleur ». *Tant plus* est un renforcement de *plus* ; voir *TL* X, 85, 21 *tant plus* (= *nfrz d'autant plus) umso mehr*.

1112-1114. Ces vers ne sont pas ironiques (cf. au contraire *C* 1720).

1113. *gardant* : c'est un gérondif en dépit de LYER, *Arch. Rom.* 1932, p. 296 (cf. *D* 888 *ai gardant* et 889 *a tenant*).

1130. *Por* au lieu de *Par*, confusion d'abréviation ou plutôt emploi régional ; cf. v. 1489 *Por Mahomet*, et *Charroi de Nîmes CFMA* v. 279 *Por cel apostre*.

1152. *rendez* : texte fautif. *Rendre une promesse* signifie « tenir une promesse », cf. Chrétien de Troyes, *Erec et Enide, CFMA*, v. 6472-6473 *Promist et randi les promesses Si com il les avoit promises*. Orquanois demande uniquement à Aragon de s'engager solennellement, cf. *B*.

1172. *Apolin* : Bien que le moyen âge ait parfois assimilé les dieux de l'antiquité à des dieux sarrasins, la ressemblance des noms *Apol(l)in* et *Apollon* est fortuite. Selon Ch. PELLAT, *Apolin* est, à l'origine, une épithète donnée par les Arabes à Satan et signifiant « le maudit » (*Actas del primer Congreso de Estudios árabes et islámicos*, Madrid, 1964). L'emploi du pluriel *Apolins* C 686 est en faveur de cet.e hypothèse.

1179. *ne arrestent* : quand le sujet des deux proposi:.ons est le même, on peut ne pas répéter le *ne* négatif de la seconde. Voir FOULET, *Petite syntaxe*, § 424.

1194. *menti* : oubli de *s* final ; voir *564.

1204. *ferir arriere main* s'applique à une sorte de coup de revers porté de l'avant vers l'arrière. Ajouter à *TL*, V, 824 : Huon de Mery, *Li tornoiemenz Antecrit*, éd. WIMMER, v. 2208, *Livre de Lancelot*, éd. SOMMER, III, p. 149.

1210. *Ainz ne fina si* : « L'assaut des païens se poursuivit jusqu'à la défaite complète de leurs adversaires ». *Ainz* est soit l'adverbe de temps signifiant « auparavant » et annonçant *si* par anticipation, soit une graphie pour *ainc* « absolument pas » ; P. IMBS, *Propositions temporelles*, p. 429, et G. ANTOINE, *La coordination*, II, p. 1123, soutiennent la première hypothèse, mais tous les textes qu'ils citent confondent par ailleurs *ainz* et *ainc*.

1211. *estor bien feni*, qui ne peut désigner qu'un combat victorieux (ce qui n'est pas le cas), paraît une altération de *estor bien forni* conservé par *B*.

1217. Construire (*il*) *en iert pris venjance*, cf. la tournure moderne : *il a été voté une loi*. Voir G. PARIS, *Romania*, IV, 1875, p. 285, *Aiol*, éd. FÖRSTER, *1334 et TOBLER, *Mél.*, p. 295, n. 3.

1232. *serpentines* : pluriel anormal, car le mot est un collectif comme *vermine* ; cf. *Fierabras*, AP, v. 1970 *Moult i a serpentine environ de tous les.*

Après 1237, il manque un vers, cf. *B* et *C* 1314.

1238. *mal le pensastes* : *mal* et *mar* sont interchangeables ; ici *mal* signifie « pour votre malheur » (cf. *B* et *C* 1315) ; inversement *mar* remplace *mal* A³ 1079 ; de même *B* 1371 a *buer* au lieu de *bien*.

1240. *Ne m'estoit ore* : un des plus anciens exemples du remplacement de l'imparfait du subjonctif par l'imparfait de l'indicatif dans des phrases du type (*se*) *ne fust ;* autre ex. 1558. Voir R. L. WAGNER, *Les phrases hypothétiques commençant par « si »...,* p. 186, note 1 ; pour le subj. cf. *Narbonnais*, SATF, v. 897 *Ne me fust or por Dieu tant seulement.*

1242. *issez hor de la tor* : la scène se déroulant à l'extérieur de la tour, l'expression est surprenante ; le bon texte est sans doute *cort* D 970.

1265. *traient* : l'expression complète est *traire as avirons*, God., VIII, 3.

1267. *Amurdrie* est une déformation d'*Aumarie* que donnent A³, A⁴, *B* et *C*. Il s'agit d'une ville située sur la côte tunisienne, connue sous les noms d'El -Mahdîya ou Auffrique en Barbarie ; capitale de l'Ifrîqîa, cette grande cité, détruite par les Espagnols en 1541, occupait une position stratégique excellente sur un promontoire ; les chroniques latines la nomment soit ALMADIA, soit AFRICA (voir A. BURGER, *Mélanges Hoepffner*, pp. 163-172). Ici, les Sarrasins débarquent dans le port d'*Aumarie* et se rendent à cheval dans la *cité d'Aufrique*, où réside le roi ; ce sont en fait les deux quartiers de la même ville. R. N. WALPOLE a défendu la vieille identification d'*Aumarie* avec Almeria en Espagne (dans *Romance Philology*, VI, 1952, pp. 34-39) contre A. Burger ; mais ce passage suffit à prouver qu'Aumarie est en Afrique et non en Espagne.

1280. *ne tel* : et non *nel te*, c'est déjà l'ordre moderne des pronoms personnels.

1288. *o lui l'ot* : *l'* paraît désigner Orable ; *B* et *C* 1360 ont une construction plus claire (*par*) *lui tierc l'ot*, où *l'* = *Gloriete*.

1328. *qu'or* : il existe une particule *quor, cor* que les éditeurs impriment en un seul mot ou en deux mots (voir la biliographie de *TL*, II, 838). Nous avons lu *qu'or A, c'or CD* parce que dans tous les cas chacun des éléments a un rôle défini ; les trois rédactions connaissent l'exclamation *qu'or nel set* (A 1328, 1574 ; *C* 1412, 1768 ; *D* 880, 1192, 1357) dont le sens est « quel dommage qu'il ne le sache pas maintenant » (LERCH, *Hist. franz. Syntax*, I, 243) ; *C* emploie en plus *c'or* devant un impératif : 1105 *c'or oiés et que m'en dites*, 1438 *c'or en pensés* et devant un subjonctif de regret : 438 *c'or pleüst Dieu* (contamination de A 467 *que pleüst Deu* et de D 399 *plaüst or Deu*).

1344. *il font male fin* : M. ROQUES a traduit *faire male fin, Aucassin et Nicolette*, CFMA, XI, 40 par « faire du bruit, mener grand tapage » ;

TL, III, 1863 n'a pas repris cette interprétation bien qu'elle soit évidente, cf. *Enfances Guillaume, SATF*, v. 1960 *Crient et braient et moinent male fin.*

1364-1366. Dénombrement épique hors de propos ; il s'agit en réalité de prévenir Bertrand, cf. 1403 et D 1036.

1367. « *le* » ne renvoie pas à *combatre* 1363 ; il représente la situation générale (voir *1030) ; la construction est correcte du point de vue de l'ordre des mots, car on a affaire à *soi combatre* ; cependant il est possible que *combatre* soit une mélecture de *enbatre* C 1451 « pénétrer dans un lieu ».

1400. *Fors mes aieus* : *fors* est suivi généralement du cas-sujet, voir TOBLER, *Mél.*, p. 342.

1402-1408. Type mixte de la période hypothétique : *S'eüssiez... porroient*, dont R. L. WAGNER a souligné la rareté (*Phrases hypothétiques*, pp. 282-291). L'auteur, qui avait pourtant employé *peüssent* dans la laisse parallèle (v. 1369), a reculé devant l'emploi d'un sixième subjonctif, après *eüssiez, venist, seüssent, fussent, ferissent.*

1404. « Pour lui demander de venir vous parler en passant sous terre ». *Que* n'est pas exprimé (voir FOULET, *Petite syntaxe*, § 490) ; la proposition est amenée par l'idée de « dire » implicite dans *messaige.*

Après 1412 un vers symétrique de 1422 a été passé ; cf. B et C 1512.

1413. *ne fines ne ne cesses* : l'impératif a reçu *s* analogique ; B² a supprimé cet *s* : *ne fine ne ne cesse.*

1450. Les piliers surmontés d'arcades font songer à des ruines si souvent associées à des souterrains (v. p. 37).

1456. Route d'Orange à Nîmes par la rive droite du Rhône.

1459-1460. Les commentateurs se sont demandé pourquoi Guillaume, Guielin et Orable ne s'échappaient pas eux aussi (voir J. FRAPPIER, *Les chansons de geste*, II, p. 310, n. 3). Les routes du moyen âge étaient peu sûres ; les chrétiens ne pouvaient exposer la reine aux aléas d'un voyage ; si l'auteur ne le dit pas, c'est que son art est elliptique et se borne à l'essentiel. Évidemment, il tenait aussi à terminer son crescendo narratif et à faire emprisonner Orable.

1478. *TL*, III, 1484 hésite entre deux possibilités : rattacher *a* à *estrait* ou à *conseillier*, infinitif substantivé ; il s'agit sans conteste de la locution adverbiale *a estroit* qui, employée avec *conseillier* ou *parler*, précise que les interlocuteurs sont serrés l'un contre l'autre ; cf *Enfances Vivien*, éd. WAHLUND-FEILITZEN, D 2686 *La marcheande en moine en un recoi l li consaille d'une part a estroit* ; également *Mort le roi Artu*, éd. J. FRAPPIER, 1954, § 85, 41 et § 87, 48 ; FOULET, *Perceval*, p. 105.

1490-1491. « Que tous ceux qui participeront à la distribution des armures (sachent que) la capture des chrétiens va nous coûter cher. » Le v. 1491 est l'adaptation d'une formule banale (cf. 849) et le mouvement général est le même que dans la laisse I d'*Aucassin et Nicolette*, *CFMA* : *Qui vauroit bons vers oïr... dox est li cans.*

1506. *fins* : la leçon primitive est *firs* D 1206.

1586. *s'en i sont eslessié* : « se sont précipités dans le cachot » ; la var. *s'en issent eslessié* = « sortent en toute hâte ».

1639. *ne puet de lui joïr* : « n'a plus le libre usage de sa personne », « est hors de combat » ; *de lui* a pris la place d'un réfléchi, cf. *Aspremont, CFMA*, v. 3161 et 8722 *Cui il ataint ne puet de soi joïr* et pour le sens, *TL*, IV, 1741 *Je ne jouiray jamais de mon corps*.

1693. *el regne dont fui nez* : les traditions sur l'origine des personnages de notre cycle sont diverses ; ici Bertrand est un « Français » et non un Narbonnais.

1759. *Ou voit le mes* : litt. « dès qu'il voit le messager ». *Ou voit* est un cliché épique lié le plus souvent à un verbe principal signifiant « dire », cf. 1347 et *D* 431 ; il a perdu sa valeur propre : P. IMBS, *Propositions temporelles*, pp. 175-178 en fait l'équivalent de « alors » ; la nuance est plutôt « sans attendre » ; cf. dans les *Enfances Guillaume* la var. *B²* de la rédaction *B* inédite :
B¹ fᵒ 88f *Ou voit Guillelme, si l'a arraisonné*
B² fᵛ 48c *Maintenant a Guillelme aresonnez*

1811. Voir *413.

1816. La ponctuation *Montjoie escrient* est préférable à « *Monjoie* » *escrïent* ; voir *Enfances Ogier*, éd. A. HENRY, *802.

1817. On notera le jeu étymologique *Monjoie-joie*.

1823-1824. La ponctuation des éditions précédentes a été modifiée, O. Jodogne nous ayant fait remarquer justement que le cliché *La veïssiez* n'était jamais précédé d'une proposition quelconque.
Ainsi, Bertrand investit la *vile* pour se rendre maître de la *cité*. Les deux termes ne sont pas synonymes : *vile* désigne un ensemble géographique que l'on peut investir, où l'on entre (v. 882, v. 1283, v. 1564, v. 1729), d'où l'on sort (v. 391), d'où l'on s'éloigne (v. 1264) ; *cité* désigne un ensemble humain ; c'est toujours *cité* que l'auteur emploie avec un adjectif de valeur : *bone* (v. 135, v. 765), *mirable* (v. 416), *garnie* (v. 1282, v. 1737), *vaillant* (v. 1813), *fort... vaillant* (v. 482, v. 1824), *fort... garnie* (v. 1322).

1847. *Mal soit de cel qui en soit eschapant* : « Personne n'échappa à la mort » ; voir TOBLER, *VB*, IV, pp. 123-124.

GLOSSAIRE

Sauf rares exceptions, les substantifs sont cités sous le cas-régime singulier, les adjectifs sous le cas-régime masculin singulier et les verbes sous l'infinitif, même si ces formes ne figurent pas dans le texte ; la nature grammaticale n'est indiquée que là où une confusion est possible ; les personnes des verbes sont numérotées de 1 à 6. L'astérisque renvoie aux notes des pages 125-136.

A

a *prép.*, *920 ; au barnage 485, *avec les barons.*

a *art.* = as 48, 858, 1648.

abessier 1522, *atténuer les effets de.*

abonder 964, *être pressant.*

acerin 1202, *d'acier, tranchant.*

acoler 1582, *serrer dans ses bras.*

acoter, acouter (soi —) 48, 1663, *s'appuyer.*

acravanter 834, *abattre violemment.*

acueillir (sa voie) 1312, *prendre (une route), se mettre en route.*

adés (tot —) 280, *continuellement.*

adobé 603, adoubé 1687 *sb., chevalier sur le pied de guerre.*

adonques 985, *ensuite.*

adouber (soi —) 1493, *s'équiper* ; adoubé 960, 1063, *équipé.*

aé (par —) 939, *tout mon temps.*

afetié 1524, *qui a les qualités du parfait chevalier.*

affier, afier 581, *faire un serment* ; 1155, *jurer* ; 1387, *prendre sous sa sauvegarde.*

afoler 789, 844, 1690, *mettre à mal.*

ahan 449, 1805, *fatigue.*

aidier (soi —) 1200, *employer toutes ses forces* ; *voir* aïst.

aïe 1293, *aide.*

ainz *adv.**449, 1091, *auparavant* ; 580, 705, *mais* ; 241, *mais (renchérit après une ellipse)* ; 736,

951, 1068, *jamais (auparavant)* ; ainz mes 465, *même sens* ; *pour* ainz ne... si 1210 *et* ainz ne trusque 160, *voir* *1210.

ainz *prép.* 471, *avant.*

ainz que *conj.* + *subj.* 312, 849, 993, 1035, 1059, 1078, 1319, 1491, *avant que. Pour* ainz... *que* 71, 102, 642, 709, *voir la note* *71-72.

aïr 1192, *impétuosité.*

aïst 878, *subj. pr.* 3 *de* aidier, *aider* ; si m' — Dex 268, 1417, se Dex m' — 1189, *aussi vrai que je demande à Dieu de m'aider.*

ajorné (il fu —) 161, *le jour fut levé.*

alemele 984, *fer (d'une lance).*

aloignier 1846, *prolonger outre mesure (un récit).*

alosé 1641, 1668, *renommé.*

alumement (ot —) 506, *il recouvra la vue.*

amirauz *cas-suj.* de amirail 476, 478, 1110, 1470, 1523, *émir.*

amor (par —)*214, *aimablement* ; par grant — 1555, *de très bon gré* ; par amors 1339, por amors 348, *à cause de l'amour.*

andui 383, *cas-rég.* endeus 1740, *tous deux.*

anoncïon 542, 806, *incarnation (du Christ).*

anuit 1350, *la nuit prochaine.*

aonbrer (soi —) 784, *s'incarner.*

aorer 1239, *adorer.*

apareillié 390, *équipé* ; 893, *à la disposition de.*

aparler (aucun) 420, *adresser la parole à quelqu'un.*

apeler 83, 180, 214, 301, 511, *adresser la parole à, interpeller.*

apendre 672, *dépendre.*

apert *pr.* 3 *de* aparoir, *paraître* ; barnaiges vos — 756, *voici une occasion de vous couvrir de gloire.*

aquis 1627, *amené* ; *cf.* 1395.

aquiter 1369, 1408, *libérer.*

araisoné, *voir* aresnier.

arche *1058, 1382.

ardoir 717, 1516, *brûler* ; *pr.* 2, ars 1118, *subj. impf.* 5 ardissiez 1527 ; *p. pa.* ars 799, 846, 1082 ; *p. pr.* ardant 1783, *allumé.*

aresnier, *adresser la parole à* ; *pr.* 3 aresonne 962, aresne 1047 ; *p. pa.* aresnié, 1469, araisoné 438.

arester 434, *arrêt* (*inf. substantivé*).

aresteüz 126, *arrêté.*

ariver 1267, arriver 1756, *aborder.*

armes 309, *ne désigne que le haubert* ; 964, *désigne l'équipement complet du chevalier.*

arrement 376, 452, *liquide noir.*

arrier 1538, *de retour.*

arriere main *1204, *d'un revers.*

arriver, *voir* ariver.

ars *vb.*, *voir* ardoir.

ars *cas-rég. pl. de* arc 1450.

aseoir, asseoir, *pr.* 3 asiet 1604, *placer* (*un coup*) ; *p. pa.* assis 1100, *assiégé* ; 287, *situé.*

aseüra (ne s' —) *pf.* 3 1255, *ne perdit pas de temps.*

assaillie 1168, *assaut.*

assaillir, *fut.* 4 assaudrons 1761, 1768, *donner l'assaut* ; *fut.* 6 assaudront 1688, 1718, *attaquer.*

assazé 578, *comblé de biens.*

asseoir, *voir* aseoir.

asseüré 1497, *qui se croit en sûreté.*

assez 58, 92, 170, *beaucoup* ; 755, *longuement.*

astele 1225, *éclat de bois.*

atapiné 764, 1673, *déguisé.*

atapinement (en —) 1710, *sous un déguisement.*

atargier (soi —) 1758, 1849, *s'attarder* ; atarjant 1858, *attendant.*

atemprer *614, *maîtriser.*

aufaigne *adj.* 200, *sarrasin.*

aufarain 600, *chef sarrasin.*

auferrant 92, 1831, 1844, *fougueux.*

aufin 1683, *chef sarrasin.*

auques 675, *un peu* ; *puis par litote, beaucoup.*

ausiment 1838, *également.*

autre 1403, *le reste de* ; 377, 511, *emploi explétif.*

avaler 1036, *descendre* ; 1812, *faire descendre, baisser.*

avant 1797, *le premier* ; ici — 753, *par la suite.*

avenant 88, 1336, *élégant* ; *457 convenable, d'où sûr.*

averse 1182, *ennemie, ennemie de la foi.*

aversier 381, *démon.*

avillier 1486, *avilir.*

aviser 252, *contempler.*

B

bacheler 625, 761, 1595, 1698, *jeune homme.*

baillie 14, 1276, 1288, 1291, *possession, pouvoir.*

baillier 983, 1156, *donner* ; 1609, *livrer à* ; 1537, 1593, *gouverner* ; 125, 751, *attraper* ; 1059, *tenir, avoir en sa possession.*

barbarin 1619, *berbère.*

barnaige, barnage 1549, *bravoure* ; 756, *coup d'éclat* ; 485, 1704, *ensemble des barons.*

barné 153, 593, 1403, 1694, *ensemble des barons* ; 1882, *allégresse.*

basclois 328, *langue des Basques (peuple sarrasin).*

baston 1126, *menu bois.*

bataille 1050, *combat* (*peut se dire d'un duel*).

batel 1457, *barque.*

beffe 1417, *plaisanterie.*

beisie 1268, *baissée*.

ber *c. rég.*, 119 *au lieu de* baron.

berchier 1597, *homme de rien*.

bergier 885, *berger*.

bescuit, 1308, *pain recuit*.

biez 869, *fossés de raccordement*.

blasmer (*avec un rég. ind.*) 320, *déconseiller à* (+ ne *explétif*).

blez *62, *graphie fautive pour* blé.

bliaut 685, *robe de soie*.

boclé 60, *pourvu d'une bosse centrale* (*en parlant d'un écu*).

bordon 818, 852, *grand bâton de pèlerin*.

bot 1231, *crapaud*.

bouter 836, *frapper* ; 1446, *déplacer* (*en poussant*).

bove 1174, 1289, 1398, 1401, 1422, *passage souterrain*.

brace 726, *les deux bras*.

braire 1314, *crier*.

brant 1840, *lame d'épée*.

brehant 1780, 1810, *sorte de tente*.

bricon 519, *sot*.

broche 1126, 1137, *cheville*.

broigne *968, *haubert*.

broïr 717, 1516, *brûler, griller*.

bruit *128, *fête joyeuse*.

bu 122, *tronc*.

buisine 1313, *trompette*.

C

canel 41, *lit d'un cours d'eau*.

car 1120, 1131, 1145, *voir* quar.

carrel 1446, *pierre de taille*.

carroige *657.

celé (a —) 1496, *secrètement*.

celer 1280, 1735, 1741, *cacher*.

cengle 314, *sangle*.

cerchier 384, *parcourir en tous sens*.

cervel *sb. m.* 833, *cervelle*.

ces, cez, *voir* cil.

ceste *30.

ceus *dém. f. pl.* *88.

chaeles *excl.* 1416, *voyons* ! (*exprime la surprise*).

chaene 1648, chaenne 1020, chaiene 858, *chaîne*.

chaïr 1635, *tomber* ; *pr.* 6 chieent 1007 ; *pf.* 3 chaï 1610.

chalant, 404, *grand bateau plat*.

chalenge 1888, *combats* (*pour disputer la possession de quelque chose*) ; *voir* chalonge.

chalonge (avra —) 986, *sera disputée, défendue* ; ont — mis 1511, *nous ont disputé la possession de la ville* ; *voir* chalenge.

chambre 651, *désigne l'appartement d'une dame* ; 942, *sens moderne*.

chançon 3, 32, 139, *chanson de geste*.

chandoile 1783, *flambeau*.

chanu 1141, 1329, 1575, *chenu*.

chape (la — del mont) 234, *la chape du monde, la voûte céleste*.

chapleïz *sb. m. sg.* 1209, *coups*.

char 62, 96, 286, 355, 1308, *viande* ; 205, 279, *carnation*.

charbon 536, 799, 800, 1125, 1136, *morceau de bois embrasé*.

chartre 1294, 1324, 1344, *prison*.

chasé 611, *qui a un bien en fief*.

chasteleries 16, *châtellenies*.

chastoier 362, *faire des remontrances*.

chaut *pr.* 3 *de* chaloir, *importer* ; cui — de ce ? 1213, *qui s'en soucie* ? *qu'importe* ? moi ne — 1153, ne me — 1561, *peu m'importe*.

chetif *sb.* 110, 1472, *prisonnier* ; 132, 148, 268, *prisonnier* (*épithète de Guillebert*) ; 326, *pauvre diable*.

chetif *adj.* 1725, *infortuné*.

cheval 323, *destrier*.

chevalerie 1279, 1742, *ensemble des chevaliers*.

chever 1400, *creuser*.

chieent, *voir* chaïr.

chief 1009, *cas-rég. pl.* chiés 549, *tête* ; el — 1603, *dans les cheveux* ; el — de la 1449, *à l'autre bout* ; el — devant 1305, 1751, *à l'avant-garde*.

chiere 21, 1734, chierre 1278, *mine, visage*.

choisir 827, 1617, *apercevoir*.

cil *adj. dém.* 40, 42, 1314, 1315, 1316 ; *rég. pl.* ces 249, cez 247, 248, 1037, 1064, 1316, *s'emploie dans des descriptions tradition- nelles pour désigner des êtres, des choses conformes à un type connu.* (FOULET, *Petite syntaxe,* § 244 et 246).

cit 525, 697, 701, *ville.*

claré 173, 1085, *vin de liqueur aromatisé.*

colee 1559, *coup.*

coleïz 1166, *à glissière.*

com (si —) *108, 109, *dans la direction où*; 788, 815, *de même que.*

combatant 469, 1331, 1334, 1779, *hardi au combat.*

commandement (a Dieu —) 1794, *à la volonté de Dieu.*

commant 643, comment 1861, *volonté.*

commant 1434, comment 490 *pr.* 1 de commander, *recommander.*

compaigne 137, *compagnie.*

comparer, *payer (au figuré)* ; *fut.* 6 comparront 1045 ; *emploi impers.* 849, 1491.

complie 297, *dernier office de la journée, le soir.*

confondre 235, 296, 747, 1190, *anéantir, tuer* ; 974, *endommager.*

connoissance 211, *marque distinc- tive placée sur l'écu, par laquelle on reconnaissait un chevalier dans la mêlée.*

conquerre, *pf.* 6 conquistrent 6, *conquérir.*

conraer (son cors —) 612, *s'équi- per* ; soi — 176, 1391, *se restau- rer.*

conroi (prendre — de soi) 332, *se tirer d'embarras.*

conseillier 571, 755, 1478, *parler en confidence.*

consivre, *pr.* 3 consuit 1012, 1639, *atteindre.*

contraire 735, *paroles inquiétantes* ; *voir* contrere.

contremont *adv.* 819, *en haut* ;

en l'air ; 1124, *de bas en haut, sur toute la hauteur.*

contrere 1234, *difficultés* ; *voir* contraire.

contreval *prép., sur l'étendue de* ; *49, 1664, *il promena ses regards sur.*

convenant *sb.* 1778, *situation* ; 1859, *promesse.*

convenant *adj.,* iert mal — 1106, *il arrivera malheur.*

convoier 1453, *accompagner.*

coraige, corage 733, 1386, *cœur* ; 725, *bravoure.*

corant 505, *qui coule.*

cordoan 77, *cuir (de Cordoue pri- mitivement).*

cors 88, 909, 1336, 1550, 1851, 1854, *personne (plutôt que corps)* ; o le — avenant, *à l'élégante personne* ; 382, 810, 1188, *péri- phrase qui désigne un saint* ; 57, 508, 612, 1726, *périphrase qui remplace un pronom per- sonnel.*

cost 919, *subj. pr.* 3 de coster, *coûter.*

cote *775, *sorte de tunique.*

cous 629, *cocu.*

covenant 1079, *voir* convenant *adj.*

creable 1548, *qui croit.*

creanter 261, *accorder, consentir à.*

crestïenner 1378, *baptiser.*

croissir 1826, *se briser avec bruit.*

croller 850, *secouer.*

croser 1224, *creuser.*

croute 1180, 1781, *passage sou- terrain.*

cruiauté 757, *cruauté.*

cruiex *cas suj. de* cruel 812.

cueilli en hez 931, *pris en haine.*

cuidier 11, 145, 887, 1284, 1443, *penser, croire.*

cuvert *sb.* 863, 895, 1014, 1818, *infâme, perfide.*

D

dahé (mal — ait) 881, *que la malé-*

diction de Dieu soit (sur celui qui).

dan 1330, dant 253, sire, messire (devant un nom propre) ; danz gloz 609, maître coquin.

deablie 1286, diablerie.

deci a 1123, jusqu'à ; voir desi.

dedenz (ci —) 1792, à l'intérieur.

dedïer 1873, consacrer.

deduire 249, se divertir.

deduit sb. 130, plaisir.

deffacier 1053, démolir.

deffaé 926, 1405, sans foi, infidèle ; 46, 1661, épithète d'Otran.

deffermer 427, 445, 943, 1384, ouvrir.

definer 45, terminer.

degré 141, 1703, escalier ; degrez 932, 995, 1036, 1730, marches d'escalier.

dejoste 213, 673, à côté de.

delaier 400, s'attarder.

delez 914, à côté de.

delivrement 1814, sans perdre un instant.

demener 53, mener.

dementer (soi —) 70, 101, 936, 1345, se plaindre, se lamenter.

demorer 864, 942, tarder.

deport 626, plaisir de la vie.

deporter 249, 412, s'amuser ; soi — 260 (construit avec en), 89 (construit avec i), passer du bon temps avec quelqu'un ; son cors — 57, s'amuser, passer le temps agréablement.

derompre 803, arracher (les cheveux) ; 970, rompre.

derrier (par —) 1005, d'un revers ; voir arriere main.

desconfit 713, démoli ; 1210, vaincu.

descovrir (soi —), pr. 3 se descuevre 778, se découvre (en parlant du front) = le front perd son fard.

desdire 11, contredire.

deseure 1235, au-dessus (dans la pièce du haut).

desi a 134, 1455, 1659, desi qu'a 1401, jusqu'à ; desi en 203,

1843 ; desi que en 273, jusqu'à, jusqu'en ; voir deci.

desirrer 448, 947, désirer fortement.

desmailler 1827, rompre les mailles.

desnüer 1867, dévêtir.

desreé 831, violent (épithète de Baitaime).

desresnier (soi —) 741, s'entretenir avec.

desrubant 80, pente abrupte.

desrubé 305, torrentueux.

destornee *311, difficulté de route.

destraindre, destreindre 290, 359, tourmenter ; 1026, harceler.

destroit 1370, 1409, défilé.

desver le sens 607, 780, 842, devenir fou.

desverie 360, folie.

detordre 803, tordre.

devant (ci —) 1718, par devant ; ça — 1096, 1333, auparavant.

deviser 507, énumérer ; 554, dire.

digne 643, saint (emploi absolu).

dolant 1108, qui souffre.

dom 181, d'où.

donoier 90, faire la cour aux dames.

dont 1236, subj. pr. 3 de doner.

dorroie 1559, cond. 1 de doner.

doter 1262, 1444, redouter.

doublier 989, à double rang de mailles.

doutance (a —) 402, en prenant des précautions.

dras 1867, 1884, vêtements.

drecier 1263, 1310, hisser (la voile avec une corde) ; 878, mettre (sur la croix).

droitement 1311, directement.

droiturier 392, juste.

droiz (lor juge lor —) 1142, il leur rend la justice.

drüeries 623, intrigues amoureuses.

drugement 422, interprète.

durer 841, résister.

E

efforcement (par lor —) 98, en

force ; o lor — 1717, avec leurs forces.

efforz (par —) *65, en force ; 146, 160, par force, en employant la force.

effraee *299, inquiète ; 306, 825, mise en rumeur (en parlant d'une ville, d'une salle de réception) ; effraez 855, épouvantés.

effrois = effroi 317, trouble, agitation.

einçois + fut. *356, avant que.

einsi 715, tant.

einz *610, avant que ; voir ainz.

el pron. pers. 627, elle.

embler 977, voler.

empaindre (soi — en mer) 1264, prendre la mer.

empire, enpire 1298, 1750, ensemble des terres que possède un chef de guerre ; 1745, 1764, ensemble des troupes.

emprise 5, entreprise.

en pron. 12, 321, 848, on.

en adv. *124.

enbarré 232, bas (en parlant du frònt).

enbracier 1011, mettre au bras.

enbron *538, baissé.

enbronchier 1565, baisser (le visage) par confusion ; soi — 496, baisser la tête par peur d'être reconnu.

enchaucier 1015, serrer de près.

encontre adv. 946, 1698, indique que l'on se dirige vers quelqu'un.

encontremont 244, de bas en haut, tout le long de ; voir contremont.

encroër 769, 1107, suspendre.

encui 127, 457, 567, aujourd'hui (dans la partie non écoulée du jour).

encuser 821, dénoncer.

endementieres que 1345, endementiers que 1728, 1795, pendant que.

endeus 1740, voir andui.

endroit 481, exactement, juste (à l'heure de prime).

enforcié 703, bien pourvu de ; 1577, fort.

engaigier (soi —) 519, se présenter comme, se donner la qualité de.

engignié 393, 1570, joué, tombé dans un piège.

enging 1164, arrangement ingénieux.

engoulé 1884, orné d'un collet.

engrami 1206, furieux.

enhermi 1294, isolé.

enmirauz 1507, voir amirauz.

enpire 1298, voir empire.

enraigier, enragier 1054, 1766, devenir enragé.

ensaigne 8, preuve matérielle ; 196, enseigne.

ensement 1114, également ; — comme 68, de même que.

enserré 68, 862, 925, enfermé.

enson (par —) 537, dans les airs.

ensus 847, à l'écart, loin.

entaillié 461, 560, 647, orné d'incrustations.

ente 205, arbre (fruitier).

entendre (envers aucun) 439, 1144, 1393, écouter quelqu'un.

entercié 385, reconnu.

entor prép. 473, autour de ; 1429, auprès de.

entrer, fut. 2 enterras 1422, fut. 4 enterron 1043 ; cond. 6 enterroient 470.

entresi que en 1620, jusqu'à.

enuist *67.

envaïe 1169, attaque.

envie 1256, pr. 3 de envoiier, envoyer.

enz adv. 1400, à l'intérieur ; enz en 1640, dans, 1604, sur.

errant 1820, rapidement.

errer 1451, marcher.

esbahi 1205, surpris et effrayé.

esbanoiement 1089, divertissement.

escarinant *661, tissu somptueux (ici le mot est adjectif).

escharbocle 975, escarboucle.

eschevi 204, 256, 278, 1323, svelte, bien fait.

escïent 1111, *entendement* ; 1788, *avis*.

esclairier 1379, *s'illuminer de joie* (*en parlant du cœur*).

esclarcir 696, *apparaître* (*en parlant du jour*).

esclavine 326, *vêtement fait d'une étoffe velue*.

esclice 1001, *tronçon*.

esconsé 71, *couché* (*en parlant du soleil*).

escordement *adv.* 498, *de tout son cœur*.

escrin 943, *coffre*.

escrit 561, *peint*.

eslessier (soi —) *1586, *se précipiter*.

esloignier (une vile) 1264, *s'éloigner d'une ville*.

esmaier (soi —) 1613, 1785, *s'effrayer, s'inquiéter* ; esmaié 1010, *effrayé* ; 361, *troublé, remué*.

esmeré 776, *épuré*.

esmïer 224, *fracasser*.

espanois 1149, *espagnol*.

esperiment 652, *merveille magique*.

esperitable 1546, *un pur esprit*.

espie 339, *espion*.

espié 983, 993, 1088, 1833, *lance*.

espïer 882, *espionner*.

esploïtier 1471, 1485, *agir* ; orent tant esploitié 994, *ils firent tant* (*que*).

espoir 340, *peut-être*.

essil, essill 1195, 1609, 1612, *destruction, mort*.

esté 39, 245, 779, *désigne toute la saison chaude*.

ester 754, *se mettre* (*debout à côté de*) ; *pr.* 2 estas *182, *résider* ; *pf.* 3 estut 1887, *rester* ; *p. pr.* estant 75, 454, *debout* ; lessiez — 298, 316, *renoncez à votre projet* ; lai en estant 1076, *laisse de côté, renonce à* ; lerons — 1252, 1655, *nous cesserons de parler de*.

estor 1211, 1825, *combat, mêlée* ; par — 218, *en livrant combat*.

estorer 29, 271, 1162, *construire, créer*.

estrait (a —) = a estroit *1478, *serrés les uns contre les autres*.

estrange 179, *étranger*.

estre, *pr.* 3 est (de) 4, *traite* (*de*) ; *pf.* 4 fumes 482, *nous arrivâmes*; *cond.* 1 esseroie 690, *je resterais*.

estree 315, *chemin*.

estres 1184, *sorte de galerie extérieure*.

estroé 588, *troué, percé*.

estroit *686, *p. pa.* de estreindre, serrer ; *adv.* 662, *étroitement*.

et 1157, *de mon côté*.

eve 505, 1865, *eau* ; 110, 305, 311, *fleuve* ; demander l' — 546, *demander l'eau pour se laver les mains avant le repas*.

ez + *cas. rég.* 390, 1729, *voilà* ; *accompagné du datif d'intérêt* vos 746, 1140, 1346, 1631.

F

façon 1227, *visage*.

faitement (com —) 1485, *comment* ; si — 1100, *ainsi*.

fardoillié 452, *fardé, maquillé*.

fauconcel, *rég. pl.* fauconceaus 78, *jeune faucon*.

faudrez 1535, *fut* 5 de falir, faillir, *manquer*.

felon *cas-suj.* 220, *cruel*.

fendre 1071, *éclater*.

fenir 1199, *1211, *finir*.

ferarmé *sb.* 585, *soldat habillé de fer*.

fere 221, 1284, *remplace un verbe précédent* ; le — 1055, 1793, *quel la ferons *1030, *se conduire* (*dans une circonstance donnée*) ; — a (+ *inf. actif*) 370, 1592, *mériter de* (+ *inf. passif*) ; soi — 1506, 1590, *se montrer*.

ferir 851, 996, 1005, *frapper* ; 831 (*avec un double rég. direct*) ; ferant 856, *vivement, en frappant tout le temps* ; soi — 1836, *se précipiter*, 1311, *gonfler* (*les voiles*).

fermer 857, *assujettir, fixer* ; fermé 243, *fortifié* ; 957, 1021, *fixé.*

fervesti *sb.* 710, *soldat habillé de fer.*

fervesti *adj.* 566, *habillé de fer.*

fiance 209, *confiance.*

fichier 1757, *planter.*

fié 1526, 1594, *désigne les terres de Tibaut* (*ici, il ne s'agit pas de terres relevant d'un suzerain*).

fiert, *voir* ferir.

fierté 47, *audace.*

filz *cas-rég.* 28, 282, *fils.*

fin *sb.* (faire male —) *1344, *mener grand tapage.*

fin *adj.* *1506.

finer 1257, 1270, 1306, 1413, 1455, 1752, *finir, cesser.*

flerier 250, 413, 659, *répandre une odeur* (*agréable*) ; flerant 667, *odorant.*

flor 153, *l'élite* ; la — d'espine 279, *l'aubépine.*

florir 40, *être en fleurs* ; flori 9, *décoré par une fleur en rosace* ; 1517, *qui a la barbe et les cheveux blancs* ; florissant 81, *fleuri.*

flun 192, *fleuve.*

folage 1560, *sottise.*

foleté 1671, *folie.*

folie (tornez a —) *629, *mis à mal.*

fondement 1122, 1133, 1161, *construction* (*de pierres*).

fondre 1029, 1044, 1237, *s'effondrer.*

force (par —) 890, *vigoureusement.*

forches 590, 606, *gibet.*

fors *1400, *à l'exception de.*

forsené 863, *fou de colère, hors du sens.*

fort 482, *fortifié.*

forvoié 873, *devenu fou.*

fraindre 1769, *démolir* ; 1826, *se briser* ; *p. pa.* frait 1060, *brisé.*

fremer 1019, *fixer* ; *cf.* fermer.

fres 76, *frais* (*l'hermine passait pour entretenir une fraîcheur autour du corps*).

fust 850, *bâton* ; 1126, *pièce de bois.*

G

gaagnier 1824, *s'emparer de.*

gaber 921, 1340, *railler.*

gaillardie 281, *beauté corporelle.*

galie 1259, *grand vaisseau.*

garant (avoir —) 1103, *protéger.*

garçon 1223, *valet.*

garder 1833, *regarder* ; gardez (+ *subj. ou impér. négatif*) 156, 433 ; (+ *inf. négatif*) 164, *veillez à* ; je ne gart l'eure 1740, *je m'attends à tout moment à ce que.*

garingal 658, *plante aromatique.*

garir 586, 807, 1855, *protéger, sauver* ; *fut.* 6 garront 586.

garnemenz 937, 1490, *pièces de l'équipement.*

garni 1820, *équipé* ; 1282, 1322, 1737, *riche, opulent.*

gart 1740, *voir* garder.

gel 222, 1548 = ge le.

gemé a or 945, *dont les pierreries sont serties d'or.*

gent *sb. f.* 301, 302, 1116, 1829, *hommes* ; 1822, *nation* ; 295, 902, 1026, 1254, 1309, *engeance.*

gent *adj.* 88, 202, 1073, *bien fait, élégant* ; 677 *beau.*

gente 553, *oie sauvage* ; *cf.* jante.

gentement 1793, *aimablement.*

geste 32, *exploits* ; 1190, *race.*

geü 119, *p. pa. de* gesir, *être couché, croupir.*

glatir 1314, *hurler.*

gloton, glouton 820, 869, 1367, *canaille, coquin.*

gloz 609, 749, *cas-suj. de* gloton.

gouverner, governer 1265, 1754, *diriger un navire à l'aide du gouvernail.*

graïllier 1082, 1226, *griller.*

grain 1705, *triste.*

gresle 278, *mince.*

grezois (feu —) 1118, *feu grégeois.*

guerredoné 771, 940, *rendu* (*Construction impers.*).

gueule (l'os de la —) 224, 1605, *la nuque.*

güier 1266, 1389, 1443, *guider*.

guile 1159, *ruse*.

H

halegre 871, 1040, *bien portant*.

hante 984, 1826, *hampe de lance*.

hautain 15, *élevé*.

hé 931, *haine*.

heent 967, 1349, *pr.* 6 de haïr.

hennoré 302, 440, *honorable*.

herbergier 877, *loger*.

hermin *adj.* 684, *fourré d'hermine*.

hermine *sb. m.* 76, *manteau d'hermine*.

heut 95, *quillon de l'épée*.

hom 1354, *homme lige*.

honeste 31, 1183, *honoré*.

hostel 860, *rég. pl.* hostieus 1819, *maison, demeure*.

hu 112, *attaque bruyante et soudaine*.

huichier 874, *crier*.

hurter 775, *heurter*.

I

i = il *pron. pers.* 175, 962, 1256.

i *adv.* *134.

iluec (d' — avant) 1259, *de là*

inde 656, *bleu foncé*.

isnelement 1242, 1637, 1743, 1850, *vite, vivement*.

issir, *sortir* ; *pr.* 3 ist 655, *pr.* 6 issent 391 ; *impér.* 5 issez 1242 ; *pf.* 4 issimes 55 ; *fut.* 3 istra 1295, *fut* 6 istront 1128, 1139.

issir (soi —) 1063, *sortir*.

itant (par —) 489, *pour cela* (*annonce le vers suivant*).

J

jante 174, *oie sauvage* ; *voir* gente.

jazerant 1827, *fait de mailles*.

joïr *1639, *avoir l'usage de* ; joiant 79, 894, *joyeux*.

joïse 348, *jugement*.

joliveté 52, *vie de plaisir*.

jor de sa vie 1295, *renforcement de* jamés.

jor *219, *jour* (*opposé à la nuit*).

jostisier 359, 371, *dominer* ; *voir* justisier.

jovente 206, *jeunesse*.

jugier 1012, *condamner*.

jugler 56, 138, 1883, *jongleur*.

jus (ça —) 124, *en bas*.

justisier 290, *dominer* ; 1739, *tourmenter* ; *voir* jostisier.

L

laier, *laisser* (*prête ses formes à* laissier) ; *fut.* 1 lerai 431 ; *cond.* 1 leroie 367, 1692, 1721.

lance 1000, *hampe de lance*.

lancier *915.

langaige 420, *langue* (*parlée par le portier*) ; *721, *paroles*.

las 1545, 1547, 1701, *malheureux*.

laz 686, *lacet*.

le *art.*, le Bertran 10, *celui de Bertrand*.

lé *sb. m.* 949, *côté* ; les espees des lez 1407, *les épées qu'on porte au côté* ; cf. *222 *et* *922.

lé *sb. m.* 1447, *large*.

lé *adj.* 232, *large*.

ledengier 118, *injurier*.

legier 1540, *agile*.

lerai, leroie, *voir* laier.

lerres *cas-suj.* de larron 1245, *voleur, d'où coquin* ; *voir* lierres.

lessier *378 ; *voir* laier.

lez 1407, *voir* lé *sb.* 1.

lez *prép.* 682, 740, 1617, *près de*.

lices *270, *palissades extérieures d'un château* (*ou faute pour* listes).

lie (vin sor —) 286, 355, *vin qui n'a pas été soutiré* (*considéré comme un bon vin*) ; *nourri de sa lie*.

lierres 977, *voleur, voir* lerres.

lin 698, *lignage*.

listé 407, *bordé d'une lisière de mosaïques* ; 954, *orné d'une bordure peinte*.

liue 1317, *lieue*.

livrer 980, 1490, *remettre, distribuer* ; *cond.* 1 liverroie 1150.

loi 581 (*au pl.*), 1275, *religion*.

loier 886, *salaire.*
loing (de —) 19, *depuis longtemps.*
loisir 1200, *possibilité.*
lonc 231, *de haüte taille.*
lorois 1137, *laurier.*
losangier *vb.* 883, *tromper.*
losangier *adj.* 895, 1014, *perfide.*

M

mabrin 1160, 1703, *en marbre.*
main 115, 161, 219, *matin.*
maintenant (de —) 1819, *aussitôt,
immédiatement.*
majorois 1132, *synonyme de* principé.
mal *1238, *pour votre malheur ;*
mal soit de cel *1847, *personne
ne.*
malbailli 1623, *mis à mal.*
malement 1652, *durement.*
maltrere 1187, *mauvais traitements.*
mandement 1769, *fortification.*
mander 592, *envoyer un message
(emploi absolu) ;* 1338, *faire
dire ;* 1098, 1223, *faire venir.*
mar 350, 795, 1549, *pour (mon)
malheur ;* *767, *à tort ;* 206, 258,
281, *en pure perte ;* *1048, 1243,
équivaut à une forte négation.*
marberin 357, 435, 1738, *en
marbre.*
marbrin 288, *en marbre.*
marc, *rég. pl.* mars 919, *poids
de 8 onces d'or ou d'argent ; sert
également de monnaie de compte.*
marche 1049, 1369, *pays, terre.*
marrir le sens 1621, *devenir fou.*
martire 589, 1170, *supplice ;* 920,
dure souffrance.
maufé 490, *le diable.*
maumis 20, *ravagé.*
maus 588, 1053, maux 1028,
rég. pl. de mail, *maillet.*
mauviz *sb. f.* *51, *espèce de grive.*
melle *sb. m.* 51, 82, 1666, *merle.*
membré, menbré 137, 927, 1488,
renommé.
menant 578, *riche.*
mener 323, 340, 603, *mener, emme-*

ner ; 1652, *traiter ;* fut. 3
menra 603, *fut.* 4 merron 323,
fut. 6 menront_340.
menjuce 354, *subj. pr.* 1 *de* mengier, *manger.*
merron 323, *voir* mener.
mes 1256, 1411, 1439, 1531,
1786, *messager.*
mes (n'en poons —) 1351, *nous ne
pouvons rien à cela.*
mes que + *ind.* 1702, *si ce n'est
que ;* + *subj.* 1150, *pourvu que.*
mesaige, messaige 719, 1402, 1536,
messager.
meschine 621, 628, *jeune femme.*
mescreable 1051, 1367, *mécréant.*
mescroire 767, *refuser de croire.*
mestier 1335, 1578, *besoin ;* 1580,
utilité.
mestrie (par —) 274, 1261, *avec
art.*
mielz (de — m'en seroit) 1145,
je serais recompensé (TL, II,
1209, *voit dans de un partitif).*
mil 195, 585, 710, *mille (employé
lorsqu'il s'agit de plusieurs milliers).*
mirable 416, 1368, *admirable.*
miserables *1052, *paraît une déformation de* miseracles D 860, *qui
désigne une sorte de javelot.*
moi 584, *mai.*
moien *sb. m.* 1456, *milieu.*
moillier 25, 1581, 1588, *femme ;* —
espousé *953, *femme légitime.*
mollé 256, *fait au moule, bien fait.*
mont (par le —) 797, *dans les airs ;*
cf. contremont *et* par enson.
montance 1821, *valeur.*
monté 759, *hautain.*
mort 1327, 1570, 1609, *dans une
situation désespérée, perdu ;* 485,
494, 724, 931, 1675, *mis à mort,
tué.*
mosterez 528, *fut.* 5 *de* mostrer,
montrer.
mostier, moustier 44, 375, 1873,
1877, *église.*
mot, *paroles ;* n'en sorent — 1183,
1498, 1502, *ils ne se rendirent*

compte de rien (avant que...) ;
faire de la principale une subordonnée : avant qu'ils se rendissent
compte de ce qui arrivait.

müé 247, 257, 410, dont la mue est
achevée.

müer, changer ; le sanc est müé
781, son sang s'est figé ; tot li
mua le sanc 668, il en fut tout
remué.

mul 248, 1149, 1315, mulet.

N

naigier, nagier, 1265, 1318, aller
sur mer, naviguer ; 1754, ramer ;
soi — 403, 1458, ramer.

naturé 772, vaillant.

naturel 853, 1498, 1643, qui a telle
et telle qualité de naissance.

navrer 787, blesser.

ne explétif après ne leroie 369,
1693, 1722 ; après tu me blasmes 320.

nef, pl. nes 1307, navire ; 1260,
synonyme de galie ; 1753, dis-
tingué de galie.

nel 156, 291, 974, 1741 = ne le.

nen nég. devant voyelle *17, 266.

nes 952, même.

nes 1118 = ne les.

niés cas-rég. 1589, neveu.

nobile 10, 889, 1299, 1733, 1736,
1746, noble.

noielé 1000, 1697, niellé, orné de
ciselures remplies d'émail noir.

noif 666, neige.

noncier 147, 1468, annoncer.

novele (entendi la —) 1173, ap-
prit ; noveles 1414, avis.

O

o 683, 909 ; o tot 469, 566, avec.

ocit 235 pr. 3 de ocire, tuer.

ocurté 1784, obscurité.

oiant (en —) 1786, 1852 ; —
trestoz 1745, de façon à être
entendu (de tous).

oignement 389, onguent.

oïr, entendre ; pr. 3 ot 496, pr. 6
oënt 409, impér. 5 oëz 1, oiez
1523 ; pf. 1 oï 424, pf. 3 oï 736 ;
fut. 3 orra 735, fut. 4 orrons 457,
fut. 5 orroiz 158 ; cond. 5
orrïez 246 ; voir oiant.

olifant 1809, cor (d'ivoire).

olive 1272, olivier.

omnipotente adj. m. 207, tout
puissant.

ongle sb. f. 233, ongle.

onor 527, terres possédées.

or, ore *772.

oré 1266, vent.

orendroit 1131, 1152, sur le champ ;
me contes — 318, tu viens de
me conter.

orgueil 1127, 1138, action violente
et audacieuse.

oriol 82, 1666, loriot.

ors 1314, ours.

os 495, 537, 797, les os (sg. collectif).

ostoir 247, 410, autour (genre
d'épervier dressé pour la chasse).

otroier 1154, 1157, garantir ;
1249, consentir à.

ou conj. 1347, *1759, lorsque,
dès que.

ous 226, eux, voir p. 20.

ovec 1714, avec.

ovrer 1027, 1450, fabriquer ; 774,
agir.

P

paienie adj. 26, païenne.

paiennime adj. 1274, païenne.

paiennor, paienor adj. 512, 1026,
1254, païenne.

paile 661, vêtement de soie.

palasin 702, palazin 1208, palatin.

palés *454, *635.

paliz 711, palissades.

pan 460, 646, partie d'un mur entre
les piliers ; par les pans 663,
sur les côtés.

par adv., tant — 417, 466, 578 ; —
si 655, les deux particules retom-
bent sur l'adjectif qui suit et indi-
quent que la qualité est poussée
jusqu'à son dernier degré.

par *prép.*, par lui 117, *spontané-
ment, de sa propre initiative* ;
par nos 1128, *par notre action.*

parcreü 231, 759, *gros et fort.*

pardon (en —) 1033, *pour rien.*

parfont *adj.* 587, *profond.*

parfont *adv.* 1250, *profondément.*

parfont (en —) 1224, 1230, *profondément.*

parler, — de beffes 1417, *dire
des plaisanteries* ; — de folaige
1057, de folie 1763, par folage
1553, *tenir des propos insensés* ;
— de neant 910, *dire des choses
qui ne signifient rien.*

paroles (a ces —) 1631, *à ce moment.*

part (ceste —) 1679, *de ce côté, ici.*

partie 1287, *partage* ; nos fist
male —, *il nous a donné beaucoup de mal.*

pautonnier 1673, 1710, *vagabond* ;
774, *coquin.*

paveillon 1757, *sorte de tente.*

peçoier 871, *briser.*

peneant 917, 1720, *pénitent.*

pener 859, 938, *supplicier.*

penser 859, 959, 1153, 1352,
*s'occuper de, prendre soin de
(construit avec de)* ; 291, *analyser,*
1238, *songer à (construit directement)* ; *subj. pr.* 3 penst 859.

perrin 15, 1273, 1730, *de pierre.*

perron 213, 1697, *grosse pierre
carrée dont les cavaliers se ser-
vaient pour monter à cheval ou
descendre de cheval plus facilement* ; dans 1697, *il s'agit peut-
être du perron de l'escalier* ;
cf. B.

pert 778, *pr.* 3 *de* paroir, *apparaître.*

pertuis 1124, 1135, *trou.*

pes (fetes —) 1470, 1523, 1591,
faites silence.

pesant 1825, *dur, acharné.*

peser, *être odieux* ; *pr.* 3 poise 119 ;
subj. pr. 3 poist 329.

petit (en — d'eure) 1307, *en peu
de temps* ; par un — que 1341,
peu s'en faut que.

pevré *174, *sauce au poivre.*

piece 837, *morceau* ; une grant —,

sur une grande longueur ; grant
— 159, *longtemps.*

pierre 1290, *dalle formant porte.*

piment 173, 1085, *boisson où entre
du piment.*

pitre 251, 413, 658, *sorte d'épice,
peut-être le pyrèthre.*

piz 1038, 1065, 1620, *poitrine.*

place (en la —) 1177, *à cet endroit
même.*

planté 251, *grande quantité* ; a —
172, 414, *en abondance.*

planté 50, *cultivé.*

platel 663, *disque de métal servant
d'éventail.*

plet 394, 752, 1571, *affaire (fâ-
cheuse)* ; 1846, *récit.*

plevir 706, *faire un serment* ; —
aucun 1381, *s'engager par serment envers quelqu'un* ; — sa
foi 1856, *engager sa foi* ; pleviz
1354, *lié par serment.*

plusor (li —) 78, *la grande majorité.*

poesté 1689, *force.*

poignant *829, *à toute vitesse.*

poil 1141, *cheveux.*

poingneor 154, *guerrier.*

poissance 185, 208, *puissance.*

poissant 480, 1330, *puissant.*

poisson 807, *baleine.*

poist, *voir* peser.

poldre 495, 537, 797, 846, *cendres.*

pomel, *rég. pl.* pomeaus 408, *boule
dorée placée au sommet d'un édifice.*

pont 1087, *pommeau d'une épée.*

poon 174, 553, *paon.*

poons (n'en — mais) 1351, *nous
n'y pouvons rien.*

por *prép.*, — les membres tranchier 387, *même si on devait me
couper les membres* ; — les membres perdant 1427, 1791, *même
si je devais perdre les membres.*

por *1130, 1489, *au lieu de* par.

porpenser (soi —) 1691, *décider de.*

porprendre 1823, *investir.*

port 1134, 1409, *passage resserré,
défilé* ; 189, 191, 227, *sens moderne.*

portee 1632, *mesure pour liquides.*

pot pf. 3 *84.

pou (a —) 904, 1029, 1054, 1069, 1071, par un — *922, *peu s'en faut.*

praarie 1755, *prairie (sous les murs d'une ville).*

prendre 798, *accepter en rançon ;* 1376, *épouser ;* — le baptesme 1548 *se faire baptiser ; subj. impf.* 3 preïst 1376.

present (metre son cors en —) 1726, *se présenter.*

presse 1836, *rangs serrés des combattants.*

preu 1172, 1535, *profit.*

principé 1653, principel 242, *principal.*

principle (en —) 1161, *parfaitement* (?) ou *depuis très longtemps* (?) (TL, VII, 1869).

prise, *voir* proisier.

prison *sb. f.* 216, 513, 543, 816, *le fait d'être prisonnier ;* 535, 1147, *le fait d'avoir des prisonniers.*

prison *sb. f.* 1529, *bâtiment où l'on enferme les prisonniers.*

prison *sb. m.* 1229, *prisonnier.*

processïon 814, *cortège, religieux ou non ;* sivre —, *agir de la même façon, vivre de la même vie que quelqu'un.*

proisier 1592, *estimer ; pr.* 3 prise 1596 ; *p. pa.* proisié 1576, *estimé, renommé.*

put 1182, *mauvais (injure).*

putage 1552, *débauche.*

Q

qu' *adv.* 1858, *pourquoi ?*

qu' *pron. rel. suj.* 560, 628, 964, 1628.

qu' *conj. en subordination inverse* *585.

quanele 251, *canelle (épice).*

quant *conj.*, quel damage — 1494, *quel dommage que ; en subordi-*

nation inverse *148, 1704, 1773.

quar 843, 930, 1043, 1352, *particule d'exhortation devant un impér.* ; 564, *renforce un subj. de regret ; voir* car.

quarré 928, 956, *large (et solide).*

quartier (de —) 992, *divisé en quartiers.*

quatorze *854.

que *467, *remplace* quar *devant un impér. ou un subj.*

que *1 ; que ne 864, *sans que.*

que (il a —) 244, *il y a à.*

quel 1364 = que le.

quel *adj. interr.* 1030, *équivaut à comment ?*

querre 501, 516, *chercher ;* 210, 265, 679, 691, 881, *désirer, vouloir, chercher à ;* 321, 848, 917, 1034, 1720, *aller prier.*

ques 1491 = que les ; 1236 = qui les.

qui *pron. rel. rég.* 1239, *forme tonique de* que.

qu'or *1328.

R

rain 1006, *branche.*

ramé 136, 740, 935, *rameux.*

ré 1081, *bûcher.*

rebracier (soi —) 1602, *retrousser ses manches.*

recaner, rechaner 248, 411, 1315, *braire (en parlant de mulet).*

rechiner 1601, *montrer les dents ;* 1315, *hennir.*

reclamer 540, 898, 1874, *invoquer.*

reconoissances *194, *dépendances* (?).

recovrer 1061, *se munir de.*

regarder (soi —) 1616, *regarder autour de soi.*

regne 181, 1693, 1713, *pays ;* *327, *le pays des païens.*

regné 49, 1664, *pays.*

regreter 1670, 1707, *lamenter un mort.*

remembrer *impers.* 52, *revenir à la
mémoire.*

remenrai 1694; *fut.* 1 *de* remener,
ramener.

remés 1676, *resté.*

rendre *1152, *tenir (une promesse)* ;
1229, 1236, *remettre, livrer.*

renges 981, *attaches de l'épée, formant ceinturon ou baudrier.*

reoillier 1601, *rouler (les yeux).*

repairier, reperier 906, *revenir à* ;
1002, *recourir à.*

requerre 352, 386, 1058, 1382,
aller prier ; 902, 926, 1050, *attaquer* ; *pf.* 6 requistrent 902.

resera 1538 *fut.* 3 *de* restre, *être de
nouveau.*

reson 215, *paroles, propos* ; metre
a — 521, 692, 1347, *adresser la
parole à.*

resplendre, *pr.* 3 resplent 462, 666,
resplendir.

respondre, *pr.* 6 responent 1492,
répondre.

retornissant *640 *subj. impf.* 6 *de*
retorner, *retourner.*

retraire 41, *se retirer.*

riche 267, *magnifique* ; 200, 417,
1281, 1319, 1366, *puissant.*

rochois 1133, *roc, rocher.*

roi amant *464, 1326, 1437,
1798.

roilleïz 712, *fortification faite de
troncs d'arbre roulés.*

romant 455, *conversation* ; dire
son —, *converser.*

romoisin 1513, *monnaie du Romois
ou pays de Rouen* ; *désigne une
faible valeur.*

routes 314, *rompues, brisées.*

ru 1848, *ruisseau.*

rüer 576, *jeter.*

ruiste 47, 429, 574, 1662, *impé-
tueux* ; 832, 1634, *violent.*

S

s' 133, 287, 1264, 1268, 1312,
1565, *forme élidée de* si.

sablon 1039, *sable.*

saffré 944, *enduit de safre, sorte de
vernis jaune.*

saichier 1020, *tirer.*

saintisme 514, 804, *très saint.*

sale 637, *la salle d'apparat d'un
château* ; sales 723, *pièces adja-
centes au palais.*

samit 685, *riche étoffe de soie.*

sauf *261 ; 1375, *récompensé.*

saut 1831, *pr.* 3 *de* saillir, *sauter.*

saut 152, 477, 670, 672, 1277, *subj.*
3 *de* sauver, *garder sain et sauf.*

sauteler 1175, *bondir de joie dans
la poitrine (en parlant du cœur).*

seconde *961.

seignor 950, *mari.*

seignori *adj.* 545, 1510, *seigneurial* ;
1292, *gracieux.*

seïr 369, *être situé* ; bien — 465,
563, 686, *être bien fait* ; *pf.* 3
sist 686.

sejor (estre a —) 1243, *séjourner.*

sejorné 58, 1885, *en bon état,
vigoureux.*

sejorner 67, *demeurer au repos, rester inactif* ; *sb.* le — 99.

sel 261 = se le ; 120, 142 = si le.

semblant, senblant 1774, 1853,
avis, pensée.

semoing 322, *pr.* 1 *de* semondre,
prier avec insistance.

sen *922, 1839, *sens.*

sené 1871, *sage.*

sens 1775, *manière.*

serjant 1698, *homme d'armes.*

serpentines *1232, *serpents.*

serrer 1647, *fermer.*

servis 1355, *service du suzerain.*

ses 604, 793, 1347 = si les.

seure *adv.* 1206 *dans* corre seure,
courir dessus.

si, s' *adv.* 648, 1135, 1508, 1592,
*relance la phrase au début du
vers suivant ou du second hémistiche* ; 175, 1051, 1300, 1747,
ainsi ; 1345, *tant* ; 618, 655,
renforce par ; 287, *448 (+ *fut.
ant.),* *1210 (+ *pf. passif),
avant que,* cf. *356.

sigle 1263, 1310, *voile.*

sigler 1265, 1754, *manœuvrer la voile.*

sires 444, *père* ; sire *c. rég.* 1172, *seigneur.*

soëf 250, 413, 659, *suavement* ; 42, *harmonieusement* ; 403, 1458, *silencieusement* ; 571, 608, 741, *à voix basse.*

sollers 77, *souliers.*

soloir 53, 1562, *avoir l'habitude de.*

soltif 1165, *secret.*

son (en —) 233, 1122, *à l'extrémité.*

sorent (n'en — mot), *voir* mot.

souduant 1818, *traître (épithète de* cuvert).

sus *prép.*, sus els deffendre 1212, *en se défendant.*

T

taindre 800, *changer de couleur* ; *ici prendre la couleur du bois embrasé.*

taint 143, *qui a changé de couleur, blême.*

talant, talent 1097, 1296, 1533, *désir, envie, volonté* ; 675, *ce qui plaît* ; venir a — 91, 1075, *plaire.*

tancier 1585, *se quereller.*

tant *adj.* 1313, *tant de (sg. collectif)* ; 314 *(au pluriel)* ; *employé comme adv. sans de* 314 *(dans* tant cengles).

tant *adv.*, ne — ne quant 679, *absolument pas*, 1117, *absolument rien* ; 258, 281, *renforce* mar ; 417, 466, 578, *renforce* par ; 491, *1108, renforce* plus ; a — 645, 746, 1140, 1796, 1812, *alors* ; tant que (+ *ind.*) 1271, *jusqu'à ce que* ; 1318, *tant et si bien que* ; (+ *subj.*) 1246, 1364, *en attendant que* ; tant ...que (+ *subj.*) 296, *assez longtemps pour.*

tapinaige (par —) 1283, *sous un déguisement.*

tapinois *adj.* *326, qui se déguise.*

targe 9, 314, 982, 1064, *bouclier (rond).*

targier 1300, *tarder* ; soi — 720, 1046, 1743, 1747, *hésiter, tarder.*

tel 1280 = te le.

tel, tiex *(suivi d'un nom de nombre)* *75, 1039, 1887.*

tendrement 1669, *à chaudes larmes.*

tenir 1049, *posséder en fief sous la suzeraineté de* ; 1509, *administrer* ; 711, *protéger* ; 1870, *tenir sur les fonts baptismaux.*

tens (par —) 211, *bientôt.*

tenser 770, *protéger, préserver.*

terdre, *pr.* 3 tert 506, *frotter (l'objet que l'on frotte est au rég. ind.)*

tertre 133, 1658, *colline.*

tiex, *voir* tel.

tinel 827, 851, *grosse pièce de bois destinée à alimenter le feu (on brûlait des troncs d'arbre entiers)* ; 1636, *barre de bois que l'on utilisait pour porter des fardeaux à deux.*

tirant 234, 502, *homme cruel, bourreau* ; 453, *synonyme de sarrasin* ; 484, *surnom de* Harpin.

tolir 557, *enlever (les nappes)* ; 532, 1653, 1832, *enlever* ; 1514, *trancher* ; *pf.* 3 tolli 1832.

tor 1027, *tour (de tourneur).*

torchier (soi —) 389, *se frotter.*

torner 1442, *se diriger* ; 1625, *s'éloigner* ; —en fuie 1014, 1635, *s'enfuir* ; *impers. fut.* 3 torra 129, *cela aboutira à* ; soi — (+ en), 1451, 1778, *partir.*

torouz *857, verrous.*

torra 129, *voir* torner.

tot (de —) 474, *complètement, en tous points* ; — un fossé 750, *tout le long d'un fossé.*

traire, trere 1004, 1263, 1310, *tirer* ; 567, 1555, *souffrir* ; *1265, ramer* ; soi — arrier 1013, *reculer.*

traïtor 237, *traître.*

traveillier 786, *tourmenter.*

trebuchier 1530, 1541, 1568, *jeter* ; 870, 1606, 1828, *abattre.*

trere, *voir* traire.

tres *cas-rég. pl. de* tref, 1757, 1780, 1810, *sorte de tente.*

tressüé *829.

trestorner 838, *renverser.*

tribler 376, *broyer.*

trives 1043, *trêve.*

trusqu'a 115, 418, 459, — en 1122, *jusqu'à* ; trusqu'a 1538, *avant.*

tüer 826, *abattre.*

U

un et un 1479, *un à un.*

V

vaillant *sb. m.* *918, *la valeur de, l'équivalent de.*

vaillant *adj.* 482, 1768, 1813, 1824, *puissant* ; 1851, *de haut mérite.*

vair 257, 280, *vif, animé (en parlant des yeux).*

valleton 520, *jeune homme.*

vassal 1643, *vaillant chevalier.*

vasselaige 1385, 1550, *vaillance.*

vaux *cas-rég. pl. de* val 133, 1658, *vallée.*

veïssiez 337, *subj. impf. 5 de* veoir, *être exposé aux regards de.*

velu 144 (*on croyait que la faim favorisait la pousse des poils*).

velz 1517, 1575, *vieux.*

vendre (soi-) 1035, *vendre chèrement sa vie.*

venjoison 1248, *vengeance.*

vent (au —) 74, *à l'air,* 1107, *en plein air* ; faire le — 665, *éventer*

verdir 40, *être vert.*

vergié 990, *renforcé de bandes (en parlant du heaume).*

vergoignier (soi —) 363, *se couvrir de honte.*

vermeillant 656, *rouge.*

vert *945, 990, 1086, *de couleur verte (en parlant du heaume).*

vespre *sb. f.* 38 *soir* ; 71, *tombée de la nuit.*

vespree *sb. f.* 749, *tombée de la nuit.*

vesquisses 966, *subj. impf. 2 de* vivre.

vez 517, *voici.*

vezïé (mal —) 1467, *mal intentionné.*

viautre 1314, « *vautre* », *espèce de chien de chasse.*

vice 272, *ruse.*

viez 355, *vieux (vin).*

viltage 1558, *opprobre.*

vis *sb.* 683, 1197, *visage.*

vis *adj.* 1125, *cas-rég. pl. de* vif, *vivant* ; *d'où, vrai (sert à former une sorte de superlatif de* deables).

vivant 1090, 1771, 1806, *vie.*

vivre *626, *faire preuve de vitalité, l'emporter.*

voidie 1163, *habileté, astuce.*

voie 1799, *expédition, troupe en expédition.*

voie (tote —) 458, *sans interruption, directement.*

voiez 242, *impf.* 5 ; voïstes 524, *pf.* 5 *de* veoir, *voir.*

voirement 1432, *vraiment.*

voise 1693, *subj. pr.* 1 ; voist 1436, *subj. pr.* 3 *de* aler, *aller.*

voiz (a —) 843, 1042, 1622, *de toute la force de (sa) voix.*

voloir, *pr.* 1 voil 353 ; *pf.* 2 vosis 785 ; *subj. impf.* 3 vosist 497, 801, *de* voloir, *vouloir.*

voluz 1450, *voûtés* ; ars —, *arcades.*

TABLE DES NOMS PROPRES

Tous les noms propres ont été relevés ; les références sont complètes sauf en ce qui concerne *Arragon, Bertran, Deu, Franc, François, Güielin, Guillebert, Guillelme, Mahon, Mahomet, Marie, Nyme, Orable, Orenge, Sarrazin.* Le nom est cité sous le cas-régime si celui-ci apparaît dans le texte ; sinon sous la forme du texte.

A

Aceré 595, 1681, *roi sarr., frère de Corsolt de Mables et de Clarïaus.*

Acopart (ou Açopart) 1216, *peuple païen.*

Aguisanz 1682, *roi sarr.*

Alemaigne 186, *Allemagne.*

Aminois 321, 324, *pays d'Amiens.*

Amoravi 1215, *peuple païen.*

Amurdrie*1267, *ville sarr., faute pour* Aumarie.

Anseüne, *voir* Garin.

Anublez 599, *roi sarr.*

Apolin *1172, *dieu sarr.*

Arabe 727, *Arabie.*

Ardane 184, *Ardenne.*

Arrabi, *voir* Arragon.

Arragon 200, 426, 436, 472, 491, 521 ... 1841 ; — l'Arrabi 714, *Aragon, fils de Tibaut, beau-fils d'Orable.*

Arragon (li rois d' —) 229, *Aragon, fils de Tibaut.*

Arragon, *voir* Tiebaut.

Arragon *405, *ville (faute pour* Avignon).

Artois 185, *Artois.*

Atriblez 596, *roi sarr.*

Aufar de Babiloine 972, *le premier roi d'Orange.*

Aufriquant 456, 479, 660, 912, 1338, *Afrique* ; *voir* Tiebaut.

Aufrique 422, 441, 522, 583, 592,

618, 633, 1537, *Afrique (l'Africa des Romains, c'est-à-dire Tunisie et Tripolitaine)* ; *voir* Tiebaut.

Aufrique (la cité d' —) 1271, 1302, *ville sarr. de Tunisie, où réside Tibaut* ; *c'est l'ancienne Aufrique en Barbarie* ; *les chroniques latines la nomment* Africa *ou* Almadia ; *voir* Aumarie.

Aumarice, *voir* Griffonnez.

Aumarie 22, 1303, *ville sarr., autre nom de la* cité d'Aufrique ; 634. *désigne un royaume* ; *voir* Amurdrie, Aumarice, Grifaigne d' —.

Aymeri 1366 ; — de Nerbone 1074, 1281, *père de Guillaume.*

B

Babiloine, *voir* Aufar de —.

Baitaime 831, *païen tué par Guillaume.*

Barceloigne, *voir* Ysac.

Baudas 24, 634, *ville sarr., à l'origine* Bagdad.

Beaucaire 401, — le port soz Oriflor 227, *Beaucaire.*

Bedoïn 1504, Bedouin 1216, *peuple païen.*

Belleant 500, *Bethleem.*

Bernart 1092, 1329, 1575 ; — de Breban 1365, *frère de Guillaume, père de Bertrand et Guielin.*

Bertran 10, 54, 83 ... 1880 ; — le palasin 1435, le palazin 468,

565, 1424, *Bertrand, fils de Bernart de Breban, neveu de Guillaume, frère de Guïelin.*

Bile, *voir* Golïas.

Blois 330, *Blois.*

Bonivent 1109, *ville sarr.*

Borgoigne 186, *le royaume de Bourgogne (comprenait la Suisse romande).*

Borreaus 601, 1684, *roi sarr., oncle d'Aragon.*

Borrez 1684 *var., voir* Lorrez.

Breban, *voir* Bernart.

Bride *8, *Brioude (Haute-Loire).*

Bueves de Commarchis 1094, 1331, *frère de Guillaume.*

C

Challe 1364, *Charlemagne* (kll *dans le ms*).

Chartres 330, *Chartres.*

Clarïaus 596, 1681, *roi sarr., frère d'Aceré et de Corsolt de Mables.*

Codroëz 598, *roi sarr.*

Commarchis, *voir* Bueves.

Corsolt de Mables 595, *roi sarr., frère d'Aceré et de Clarïaus.*

D

Damedé 1868, *Dieu* ; Damedex, 632, *désigne* Mahomet.

Daniel 808, *Daniel, le prophète sauvé de la fosse au lion.*

Desramez 346, 594, 1247, 1680, 1716, *Desramé, roi sarr.*

Deu 259, Dex 17 ... *Dieu* ; *noter le cas-régime* Diex *207, 498.

E

Egyte 598, *Égypte.*

Enbrons 1684 *var., voir* Eubrons.

Esclamor 1216, *peuple païen.*

Esclavon *791, *Sarr.*

Esclavon, *voir* Tiebaut.

Esclavonie 1304, *pays païen* ; *voir* Tiebaut.

Escler 63, 145, 437, 790, 950, 1483, 1499, 1650, 1675, 1679, *peuple païen* ; *litt. les Slaves* ; *voir* Tiebaut.

Es la Chapele 1420, *Aix-la-Chapelle.*

Espaigne 6, 201, 602, 1686, 1748, 1885, *Espagne (désigne l'Espagne et le sud de la France).*

Esquanor 1517, 1519, *sage conseiller d'Aragon.*

Estiene (saint —) 1418, *saint Étienne.*

Eubrons 1684, *roi sarr. (faute pour* Enbrons).

Eüsce 23, *ville ou contrée sarr. (faute pour* Susce) ; *voir* Suite.

F

Faraon 1119, 1129, 1506, 1518, 1520, *roi de Bonivent, le farouche conseiller d'Aragon* ; *voir* Pharaon.

Fierebrace 700, *surnom de Guillaume* ; *voir* Guillelme.

Flamenc, *voir* Guilebert.

Foucher de Meliant 1837, *chevalier fr. tué par Aragon.*

Franc 485, 1015, 1832..., *Français* ; *voir* François.

France 53, 55, 86, 88, 153, 182, 199, 906, 1031, 1420, 1429, 1764, *France, soit au sens large, empire de Charlemagne, soit au sens restreint, domaine royal du XIᵉ siècle.*

François 75, 469..., *Français (sens large ou restreint).*

G

Gaifier 1008, *Sarr. tué par Guillebert.*

Galice 352, *province d'Espagne.*

Garin d'Anseüne 1093, 1330, 1576, *frère de Guillaume.*

Gene 189, *Genève.*

Giboëz 1682, *roi sarr.*

Gilebert, Gillebert, *voir* Guilebert.

Glorïete 517, *palais d'Aragon* ; 357, 623, 645, 680, 862, 879, 884, 901, 925, 986, 1076, 1114, 1121, 1132, 1160, 1287, 1389, 1461, 1475, 1496, 1510, 1526, 1594, 1738, 1792, 1796, 1878, *tour et palais d'Orable ; dans l'archétype le palais d'Aragon est distinct de celui d'Orable ; pour A il n'existe à Orange qu'un palais dont les pièces communiquent entre elles par un souterrain.*

Golïas 594, 1247 ; Goulïas 1680, 1716 ; Gollïas de Bile 346, *roi sarr.*

Gondrez 1685, *roi sarr., frère de Quinzepaumes.*

Goulïas, *voir* Golïas.

Grifaigne d'Aumarie 1162, Grifonnez d'Aumarice 271, *Sarr.* (*construisit le palais d'Orange*).

Guibor 1872, *nom de baptême d'Orable.*

Guïelin 83, 382, 398, 446 ... 1880, *neveu de Guillaume, frère de Bertrand.*

Guilebert, Guillebert, *Guillebert, prisonnier évadé d'Orange, Flamand de la* cit *de Lenu, fils du duc d'Ardenne, d'Artois et de Vermandois. Le nom a quatre formes* : Guilebert 1871, 1881 ; Guillebert 1656 ; Gilebert 419, 1760, 1763 ; Gillebert 111, 141 ; Gillebert le Flamenc 1430.

Guillelme, *Guillaume, héros de la chanson ; abrégé dans le ms. en* G. *ou* Guill. ; *nous avons lu* Guillelmes *au cas-sujet* 33, 43 (*sauf* Guillelme 548) *et* Guillelme *au cas-régime* 9, 136 ; — au cort nes 428, 573, 1667, 1695 ; — le marchis au cort nes 152, 760 ; — Fierebrace 722, 1376, 1562 ; — l'Amïable 1563 ; — le François 1146.

Guimer 1876, *évêque de Nîmes.*

Guion 184, *Gui, père de Guillebert.*

H

Harpin 699, *roi sarr. de Nîmes* ; — le tirant 484 ; *écrit* H'pin 575.

Haucebier 996, *Sarr. tué par Guillaume.*

Haucebier 1481, 1532, *roi sarr.*

Hongre 967, *peuple païen ; litt.* les Hongrois.

Hylaire (saint —) 1188, *saint Hilaire.*

J

Jaque (saint —) 1381, 1557, *l'apôtre vénéré à Saint-Jacques-de-Compostelle.*

Jhesu 162, 1434, 1445, *Jésus.*

Jonas 807, *prophète sauvé des eaux.*

Jordane 192, *le Jourdain.*

L

Lazaron 541, 805, *saint Lazare, le ressuscité.*

Lenu (la cit de —) 111, *ville où est né Guillebert ; déformation de* Leün.

Lïons sor le Rosne 190, *Lyon.*

Longis 504, *centurion aveugle qui perça le flanc du Christ en croix et recouvra la vue en se frottant les yeux de sa main, où avait coulé le sang du fils de Dieu.*

Loon 539, 801, *Laon.*

Looÿs 198, 1091, 1328, 1364, 1574, *Louis, fils de Charlemagne.*

Lorrez 1684, *roi sarr., faute pour* Borrez.

Losanne (l'eve de —) 187, *le lac Léman.*

M

Mables, *voir* Corsolt.

Madaleine (la —) 809, *Marie-Madeleine, la pécheresse de Magdala.*

Mahom (*écrit* Mahō) 477, 534, 672..., *Mahomet.*

Note sur les éditions successives

Une édition intégrale des versions de *La Prise d'Orange* a été donnée dans *Les Rédactions en vers de La Prise d'Orange* par Claude Régnier (Klincksieck, 1966).

Plus proche de l'original, moins marquée dialectalement, la rédaction *AB*, ici reproduite, offre cependant un accès plus facile au texte.

De l'édition complète ont été extraits le texte de *AB* (p. 93-176) et les notes de *A^1* (p. 311-322). L'introduction a été remaniée et le glossaire augmenté.

Les éditions successives (six jusqu'en 1986) ont rectifié quelques fautes d'impression – sans conséquence sauf deux : au v. 379 le ms. a *lor cors* et non *lors cors* ; au v. 1580, il porte *lessiez* et non *lessier* – et mis à jour la bibliographie ; elles ont tenu compte des suggestions faites par les utilisateurs du livre. Les remaniements de la sixième édition consistent essentiellement dans la mise à jour de la bibliographie et dans la transformation des notes *71-72 et *1108.

Table des matières

collection « Librairie Klincksieck »

Achevé d'imprimer en France
le 25 mai 2005
sur les presses de

52200 Langres - Saints-Geosmes
Dépôt légal : juin 2005 - N° d'imprimeur : 5871